AF188051

Impressum
Verlag: BABADADA GmbH, Nedderfeld 112 , 22529 Hamburg
Geschäftsführer / Verlagsleitung: Harald Hof
Druck: Books on Demand GmbH, In de Tarpen 42, 22848 Norderstedt

Imprint
Publisher: BABADADA GmbH, Nedderfeld 112 , 22529 Hamburg, Germany
Managing Director / Publishing direction: Harald Hof
Print: Books on Demand GmbH, In de Tarpen 42, 22848 Norderstedt

1

σχολείο
sekolo

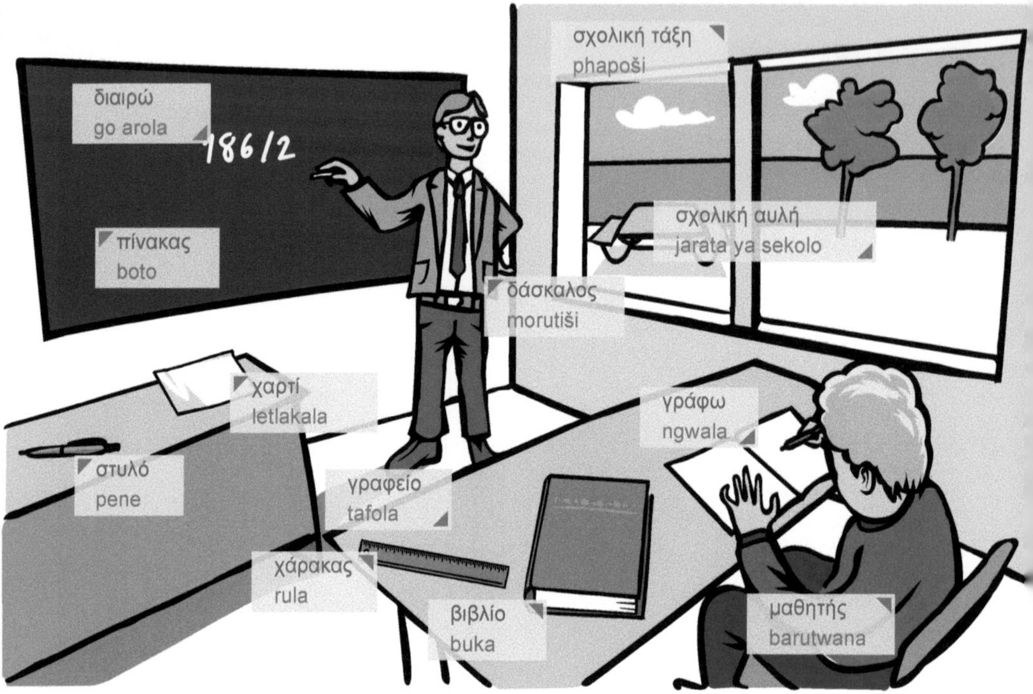
σχολική τάξη
phapoši
διαιρώ
go arola
186/2
πίνακας
boto
σχολική αυλή
jarata ya sekolo
δάσκαλος
morutiši
χαρτί
letlakala
γράφω
ngwala
στυλό
pene
γραφείο
tafola
χάρακας
rula
βιβλίο
buka
μαθητής
barutwana

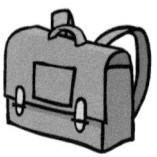

σχολική τσάντα

peke

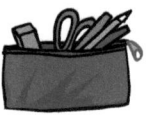

κασετίνα/ μολυβοθήκη

kheise ya phensele

μολύβι

phensele

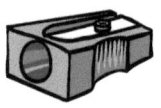

ξύστρα

motšhene wa go betla phensele

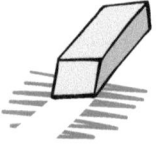

γόμα

rabhara

μπλοκ ζωγραφικής

phede ya ho thala

ζωγραφική

go thala

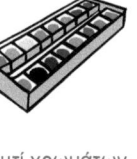

πινέλο

borashe ya go penta

κουτί χρωμάτων

lepokisi la go penta

ψαλίδι

sekero

κόλλα

sekgomaretši

τετράδιο ασκήσεων

puku ya go ngwala

εργασία για το σπίτι

mošomo wa gae

12

αριθμός

nomoro

2+2

προσθέτω

tlatša

5-2

αφαιρώ

go ntšha

2×2

πολλαπλασιάζω

go atiša

υπολογίζω

khalekhuleitha

A

γράμμα

lengwalo

ABCDEFG HIJKLMN OPQRSTU VWXYZ

αλφάβητο

alefapete

λέξη

lentšu

κείμενο
mongolo

διαβάζω
bala

κιμωλία
tšhoko

μάθημα
thuto

εγγράφομαι
puku ya maina

τεστ
thuto

πιστοποιητικό
setifikeite

μαθητική στολή
diaparo tša sekolo

εκπαίδευση
thuto

εγκυκλοπαίδεια
encyclopedia

πανεπιστήμιο
yunibesithi

μικροσκόπιο
maekrosekoupo

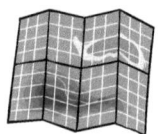

χάρτης
mmapa

καλάθι αχρήστων
pasekete ya matlakala a
ditšhila

ξενοδοχείο
hotele

Grand

ξενώνας
hosetele

ROOMS

ανταλλακτήρια συναλλάγματος
lefelo la go fetola tšhelete

EXCHANGE

βαλίτσα
sutukheise

αυτοκίνητο
koloi

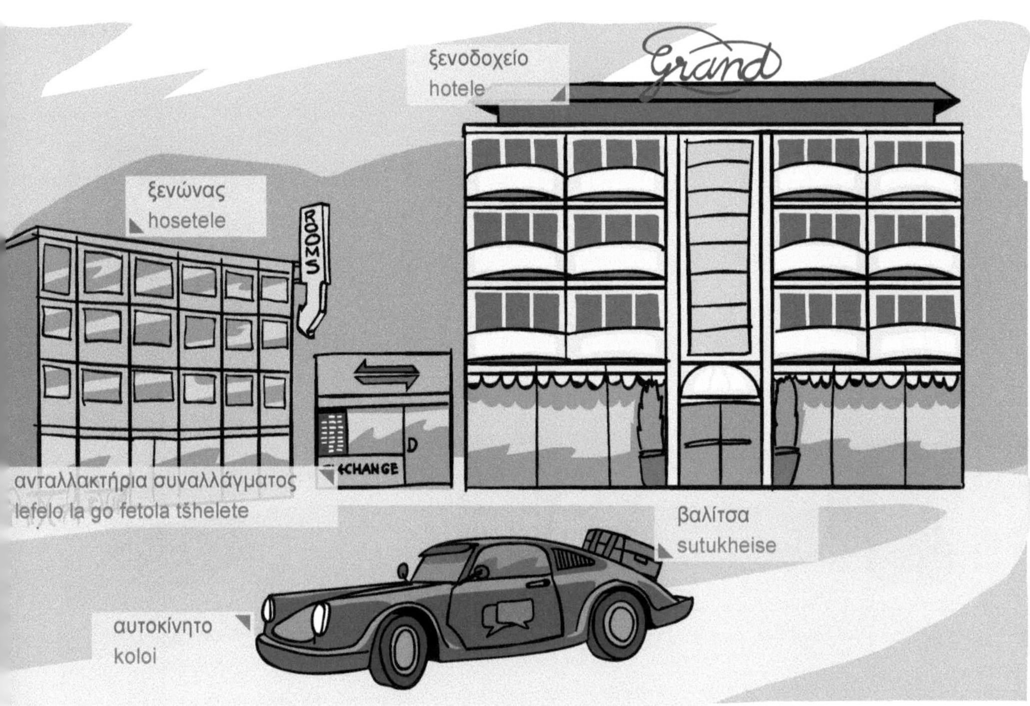

γλώσσα
Leleme

ναι / όχι
ee / aowa

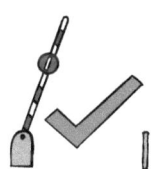

εντάξει
Go lokile

γεια σου
Dumela

μεταφραστής
mofetoledi

Ευχαριστώ
Re a leboga

πόσο κάνει ;
... ke bokae?

Δε καταλαβαίνω
ga ke kwešiše

πρόβλημα
bothata

Καλησπέρα!
Thobela!

Καλημέρα!
Meso e mebotse!

Καληνύχτα!
Robala botse!

Αντίο
šala gabotse

κατεύθυνση
keletšo ya tsela

αποσκευές
peke

τσάντα
peke

σακίδιο πλάτης
mokotla wa dipuku

καλεσμένος
moeng

δωμάτιο
phapoši

υπνόσακος
pekana ya go robala

σκηνή
mokhukhu

τουριστικές πληροφορίες

boitsebišo bja moeti

παραλία

lewatleng

πιστωτική κάρτα

karata ya mokitlana

πρωινό

dijo tša mesong

μεσημεριανό

matena

δείπνο

dijo tša mantšiboa

εισιτήριο

thikethe

ανελκυστήρας

lifithi

γραμματόσημο

setempe

σύνορα

border

τελωνείο

setlwaedi

πρεσβεία

embassy

βίζα

visa

διαβατήριο

phasepoto

μεταφορά

senamelwa

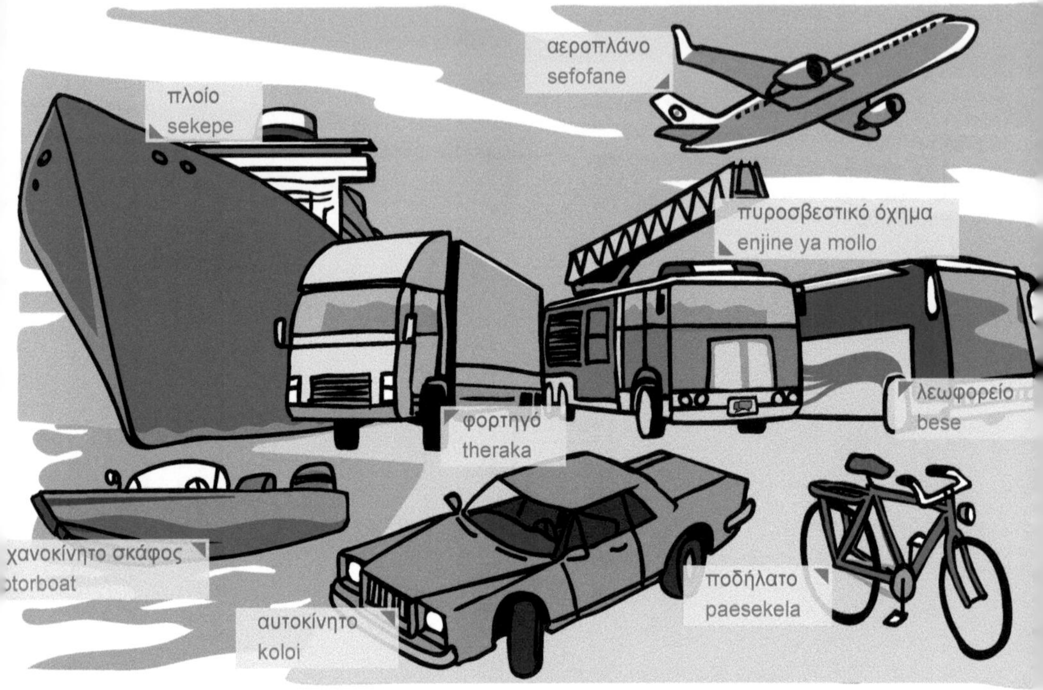
αεροπλάνο
sefofane
πλοίο
sekepe
πυροσβεστικό όχημα
enjine ya mollo
λεωφορείο
bese
φορτηγό
theraka
χανοκίνητο σκάφος
torboat
αυτοκίνητο
koloi
ποδήλατο
paesekela

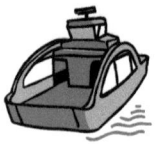

φεριμπότ

feri

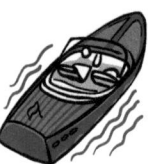

βάρκα

sekepe

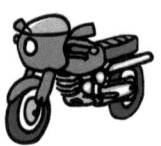

μοτοσικλέτα

sethuthuthu

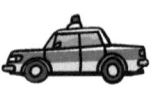

περιπολικό

koloi ya maphodisa

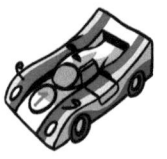

αγωνιστικό αυτοκίνητο

koloi ya go šiašiana

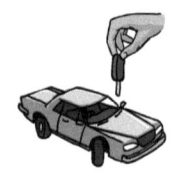

ενοικιαζόμενο αυτοκίνητο

koloi ya go rentišwa

διαμοιρασμός αυτοκινήτων

go arogana koloi

γερανός

theraka ya go goga

απορριμματοφόρο

theraka ya ditlakala

κινητήρας

mmotho

καύσιμο

makhura

βενζινάδικο

seteišene sa makhura

πινακίδα σήμανσης

leswao la therafiki

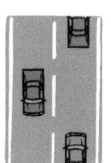

κυκλοφορία

therafiki

κυκλοφοριακή συμφόρηση

therafiki

χώρος στάθμευσης

lefelo la go phaka dikoloi

σιδηροδρομικός σταθμός

seteišene sa terene

σιδηροδρομικές γραμμές

tsela

τρένο

terene

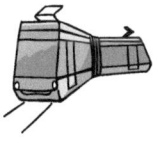

τραμ

theramo

βαγόνι

koloi

ελικόπτερο

sefofane

αεροδρόμιο

boemafofane

πύργος

serokami

επιβάτης

monamedi

εμπορευματοκιβώτιο

seswari

χαρτοκιβώτιο

lepokisana

καρότσι

khathe

καλάθι

basket

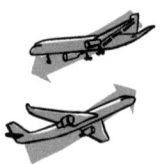

απογειώνομαι /
προσγειόνομαι

go tloga / go kwatama

πόλη
toropo

χωριό

motse

κέντρο της πόλης

bogareng bja toropo

σπίτι

ntlo

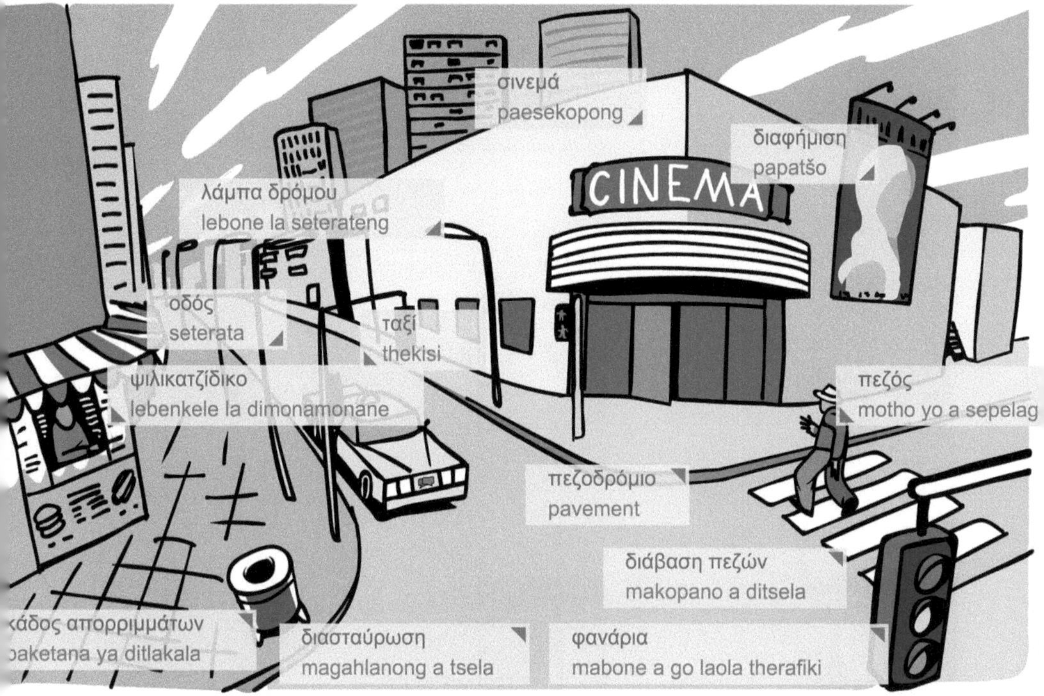

σινεμά
paesekopong

διαφήμιση
papatšo

λάμπα δρόμου
lebone la seterateng

οδός
seterata

ταξί
thekisi

ψιλικατζίδικο
lebenkele la dimonamonane

πεζός
motho yo a sepelag

πεζοδρόμιο
pavement

διάβαση πεζών
makopano a ditsela

κάδος απορριμμάτων
paketana ya ditlakala

διασταύρωση
magahlanong a tsela

φανάρια
mabone a go laola therafiki

καλύβα

mokutwana

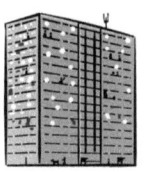

διαμέρισμα

folete

σιδηροδρομικός σταθμός

seteišene sa terene

δημαρχείο

holo ya toropong

μουσείο

museamo

σχολείο

sekolo

πανεπιστήμιο

yunibesithi

τράπεζα

panka

νοσοκομείο

sepetlele

ξενοδοχείο

hotele

φαρμακείο

lebenkele la dihlare

γραφείο

ofisi

βιβλιοπωλείο

lebenkele la dipuku

κατάστημα

lebenkele la dijo

ανθοπωλείο

lebenkele la matšoba

σούπερ μάρκετ

lebenkele la dihlare

αγορά

mmakete

πολυκατάστημα

lebenkele la dilo tše dintši

ιχθυοπωλείο

fishmonger's

εμπορικό κέντρο

lefelo la mabenkele

λιμάνι

boemakepe

πάρκο
phaka

παγκάκι
bench

γέφυρα
leporogo

σκάλες
ditepisi

μετρό
ka tlase

τούνελ
thanele

στάση λεωφορείου
boemela pese

μπαρ
bar

εστιατόριο
lebenkele la dijo

γραμματοκιβώτιο
lepokisi la poso

πινακίδα δρόμου
leswao la seterata

παρκόμετρο
mithara wa go phaka koloi

ζωολογικός κήπος
zuu

πισίνα
letamo la go rutha

τζαμί
lefelo la mamoseleme

αγρόκτημα

polasa

ρύπανση

tšhilafalo

νεκροταφείο

mabitla

εκκλησία

kereke

παιδική χαρά

lefelo la go bapala

ναός

tempele

τοπίο
lefelo la dithaba

φύλλο
letlakala

πινακίδα κατεύθυνσης
leswao la tsela

δρόμος
tsela

λιβάδι
lefelo kgauswi le noka

πέτρα
letlapa

δέντρο
mohlare

πεζοπόρος
mophara thaba

ποτάμι
noka

χορτάρι
bjang

λουλούδι
letšoba

κοιλάδα

tsela

λόφος

thaba

λίμνη

letangwana la meetsi

δάσος

sethokgwa

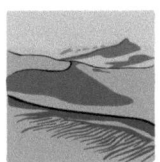

έρημος

leganata

ηφαίστειο

thabamollo

κάστρο

ntlo e kgolo

ουράνιο τόξο

molalatladi

μανιτάρι

mushroom

φοίνικας

palm tree

κουνούπι

monang

μύγα

fofa

μυρμήγκι

ditšhošwane

μέλισσα

nosi

αράχνη

segokgo

σκαθάρι

khunkhwane

βάτραχος

segwagwa

σκίουρος

squirrel

σκαντζόχοιρος

noko

λαγός

mmutla

κουκουβάγια

leribiši

πουλί

nonyana

κύκνος

mogolodi

αγριογούρουνο

kolobe ya naga

ελάφι

phuthi

άλκη

phuthi

φράγμα

letamo

ανεμογεννήτρια

wind turbine

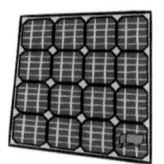

ηλιακός συλλέκτης

phanele ya solar

κλίμα

leratadima

εστιατόριο

lebenkele la dijo

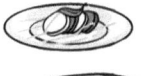

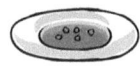

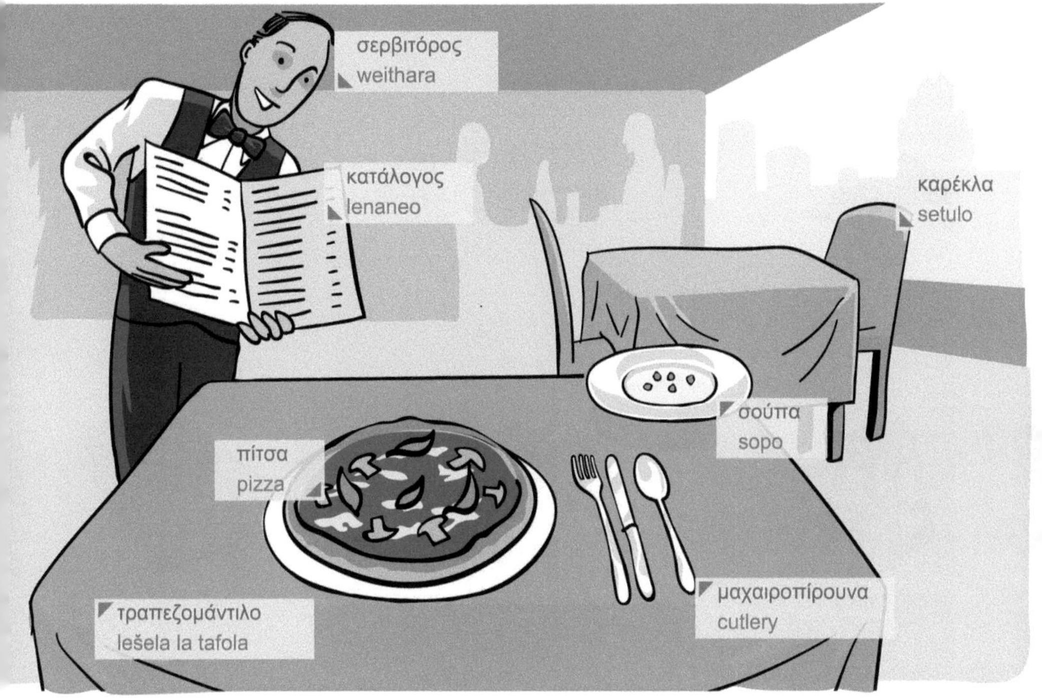

σερβιτόρος
weithara
κατάλογος
lenaneo
καρέκλα
setulo
σούπα
sopo
πίτσα
pizza
τραπεζομάντιλο
lešela la tafola
μαχαιροπίρουνα
cutlery

ορεκτικό

dijo tša mathomo

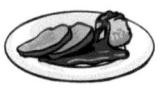

κύριο πιάτο

dijo

επιδόρπιο

dimonamonane

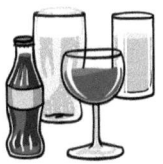

ποτά

dino

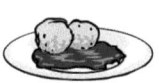

φαγητό

dijo

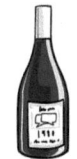

μπουκάλι

lepotlelo la ngwana

φαστ φουντ

fastfood

φαγητό στ' όρθιο

dijo tša seterateng

τσαγιέρα

ketlele ya tea

δοχείο ζάχαρης

poleitana swikiri

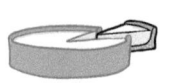

μερίδα

karolo

μηχανή εσπρέσο

motšhene wa espresso

ψηλή καρέκλα

setulo sa godimo

λογαριασμός

tefo

δίσκος

therei

μαχαίρι

thipa

πιρούνι

foroko

κουτάλι

lelepola

κουταλάκι του τσαγιού

lelepola

πετσέτα φαγητού

lešela la go iphomola

ποτήρι

galase

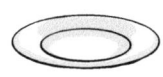

πιάτο
poleite

πιάτο σούπας
poleite ya sopo

πιατάκι φλιτζανιού
sosara

σάλτσα
moroto

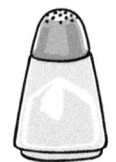

αλατιέρα
poto ya letswai

μύλος για πιπέρι
sešila phepha

ξύδι
vinegar

λάδι
makhura

μπαχαρικά
sepaese

κέτσαπ
tamatisoso

μουστάρδα
masetete

μαγιονέζα
mayonnaise

σούπερ μάρκετ

lebenkele la dihlare

προσφορά
dithekišo tša tlase
FOR
πελάτης
moreki
γαλακτοκομικά προϊόντα
dijo tša go ba le maswi
φρούτα
dikenywa
καρότσι για ψώνια
teroli

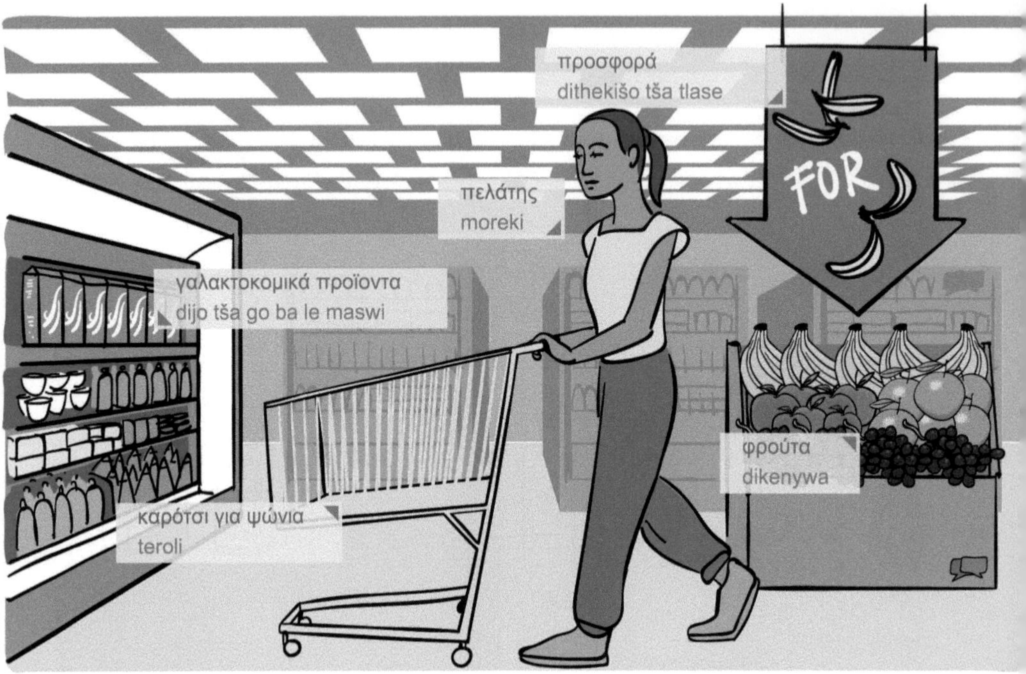

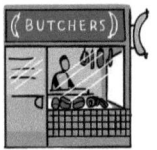

BUTCHERS
κρεοπωλείο

selaga

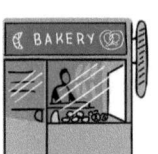

BAKERY
φούρνος

moapei wa dikuku

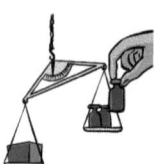

ζυγίζω

kala

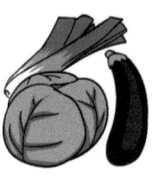

λαχανικά

merogo

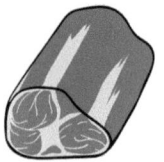

κρέας

nama

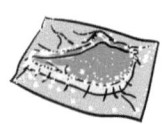

κατεψυγμένα τρόφιμα

dijo tše gahlišitšwego

αλλαντικά
nama ya go tonya

κονσερβοποιημένη τροφή
tinned food

απορρυπαντικό ρούχων
sešepi sa go hlatswa

γλυκά
dimonamonane

οικιακά είδη
dilo tša ka ntlong

καθαριστικά προϊόντα
didirišwa tša go hlwekiša

πωλήτρια
morekiši

ταμείο
till

ταμίας
morekiši

λίστα για ψώνια
lenaneo la tše rekišwago

ωράριο λειτουργίας
diiri tša go bula

πορτοφόλι
sepatšhe

πιστωτική κάρτα
karata ya mokitlana

τσάντα
peke

πλαστική σακούλα
peke ya polasetiki

νερό

meetsi

χυμός

Juice

γάλα

maswi

κόκα κόλα

coke

κρασί

beine

μπίρα

bhiri

αλκοόλ

bjala

κακάο

cocoa

τσάι

tea

καφές

kofi

εσπρέσο

espresso

καπουτσίνο

cappuccino

μπανάνα

banana

μήλο

apola

πορτοκάλι

namome

πεπόνι

melon

λεμόνι

namone

καρότο

carrot

σκόρδο

garlic

μπαμπού

bamboo

κρεμμύδι

keiye

μανιτάρι

mushroom

ξηροί καρποί

ditokomane

νουντλς

noodles

μακαρόνια

spaghetti

ρύζι

raese

σαλάτα

salate

πατατάκια

ditšhipisi

τηγανητές πατάτες

matapola a gadikilwego

πίτσα

pizza

χάμπουργκερ

hambeka

σάντουιτς

sandwich

κοτολέτα

cutlet

ζαμπόν

ham

σαλάμι

salami

λουκάνικο

sausage

κοτόπουλο

kgogo

ψητό

gadika

ψάρι

hlaphi

χυλός βρώμης

bogobe bja oats

μούσλι

muesli

κορν φλέικς

cornflakes

αλεύρι

folouro

κρουασάν

croissant

ψωμάκι

dipanse

ψωμί

borotho

τοστ

toaster

μπισκότα

dipisikiti

βούτυρο

botoro

τυρόπηγμα

curd

κέικ

kuku

αυγό

lee

τηγανητό αυγό

lee le gadikilwego

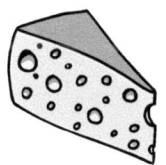

τυρί

tshese

παγωτό

ice cream

ζάχαρη

swikiri

μέλι

todi ya dinosi

μαρμελάδα

jeme

άλλειμμα σοκολάτας

chocolate spread

κάρυ

curry

αγρόκτημα
polasa

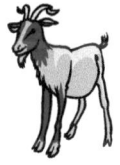

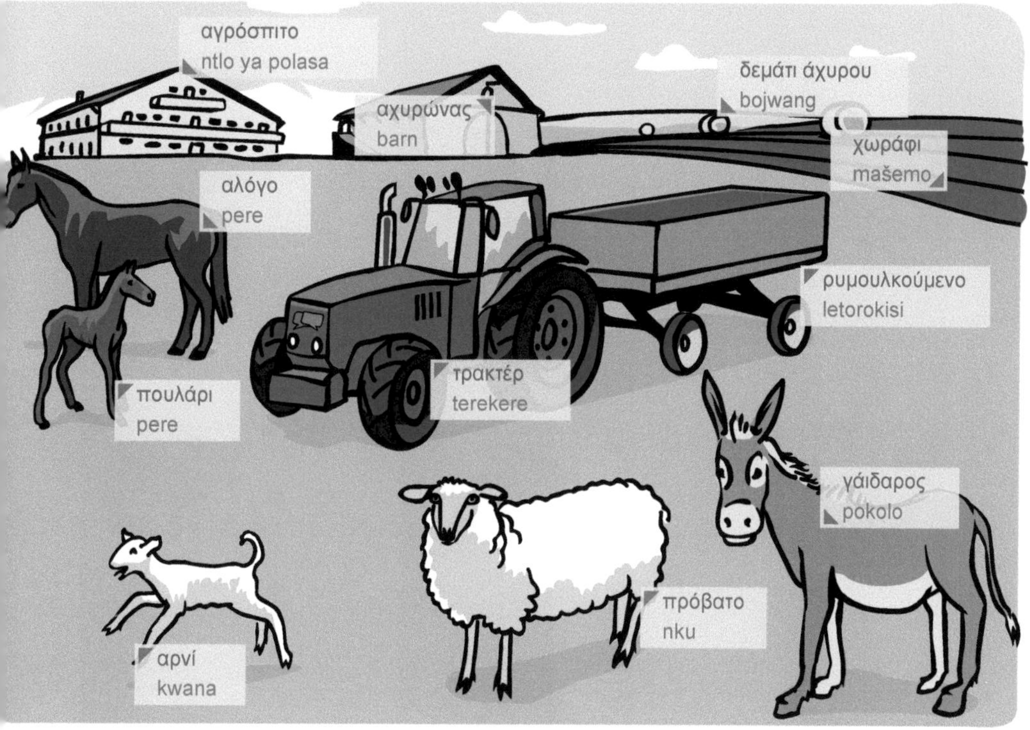

αγρόσπιτο
ntlo ya polasa
δεμάτι άχυρου
bojwang
αχυρώνας
barn
χωράφι
mašemo
αλόγο
pere
ρυμουλκούμενο
letorokisi
τρακτέρ
terekere
πουλάρι
pere
γάιδαρος
pokolo
πρόβατο
nku
αρνί
kwana

κατσίκα

pudi

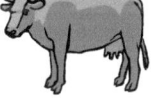

αγελάδα

kgomu

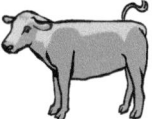

μοσχαράκι

namane

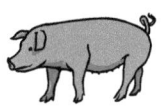

γουρούνι

kolobe

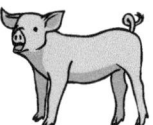

γουρουνάκι

kolobjana

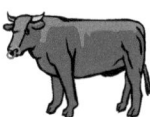

ταύρος

poo

χήνα

leganse

πάπια

leganse

κοτοπουλάκι

letswienyane

κότα

kgogo

κόκορας

mokoko

αρουραίος

legotlo

γάτα

katse

ποντίκι

legotlo

βόδι

pholo

σκύλος

mpšha

σπιτάκι σκύλου

ntlwana ya mpšha

λάστιχο κήπου

lethompo la seratswana

ποτιστήρι

khene ya meetse

θεριστήρι

peke

αλέτρι

megoma ya terekere

δρεπάνι

sekele

τσάπα

mogoma

δίκρανο

foroko

τσεκούρι

selepe

χειράμαξα

kiribai

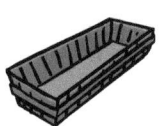

ταΐστρα

letangwana la meetsi

δοχείο γάλακτος

khene ya maswi

σάκος

lesaka

φράχτης

fense

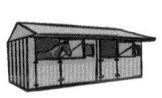

στάβλος

stable

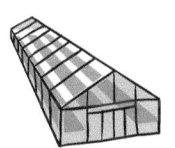

θερμοκήπιο

ntlwana ya galase ya dihlare

έδαφος

mobu

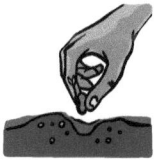

σπόρος

peu

λίπασμα

manyora

θεριζοαλωνιστική μηχανή

motšhene wa go buna

θερίζω

buna

συγκομιδή

buna

γιαμς

tse monate

σιτάρι

korong

σόγια

soy

πατάτα

letapola

καλαμπόκι

korong

κράμβη

rapeseed

οπωροφόρο δέντρο

mohlare wa dikenywa

μανιόκα

cassava

δημητριακά

disereale

σπίτι
ntlo

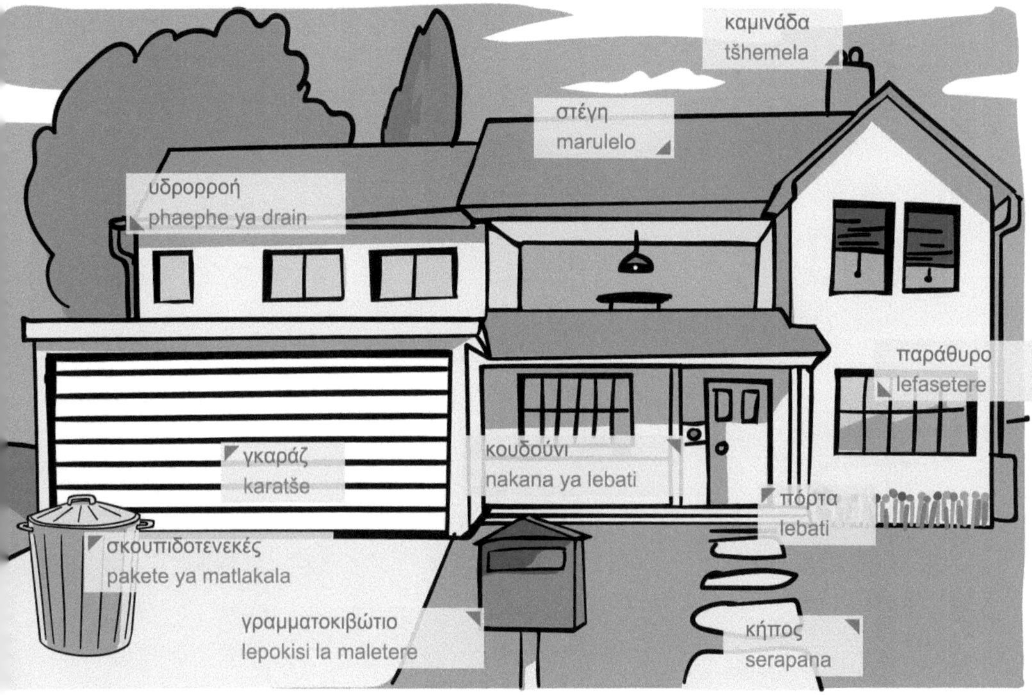

καμινάδα
tšhemela
στέγη
marulelo
υδρορροή
phaephe ya drain
παράθυρο
lefasetere
γκαράζ
karatše
κουδούνι
nakana ya lebati
πόρτα
lebati
σκουπιδοτενεκές
pakete ya matlakala
γραμματοκιβώτιο
lepokisi la maletere
κήπος
serapana

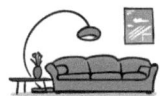

σαλόνι

phapoši ya go dula

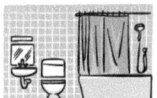

μπάνιο

kamora ya go hlapela

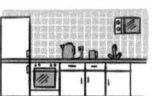

κουζίνα

boapeelo

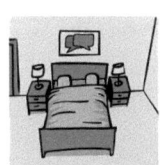

υπνοδωμάτιο

phapoši ya go robala

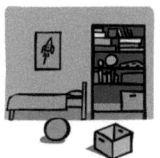

παιδικό δωμάτιο

phapoši ya bana

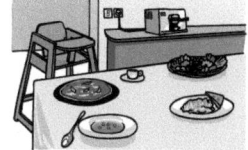

τραπεζαρία

lefelo la boiketlo

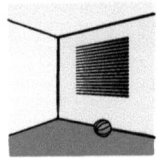

πάτωμα
fase

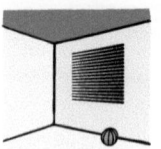

τοίχος
lebota

οροφή
siling

κελάρι
cellar

σάουνα
sauna

μπαλκόνι
letsikangope

βεράντα
lelapa

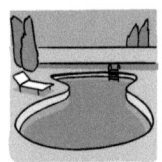

πισίνα
letamo la go rutha

μηχανή του γκαζόν
motšhene wa go sega bjang

σεντόνι
lešela la go iphomola

κάλυμμα κρεβατιού
lešela la mpeto

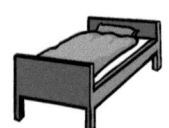

κρεβάτι
mpeto

σκούπα
leswielo

κουβάς
pakete

διακόπτης
pholaka

σαλόνι

phapoši ya go dula

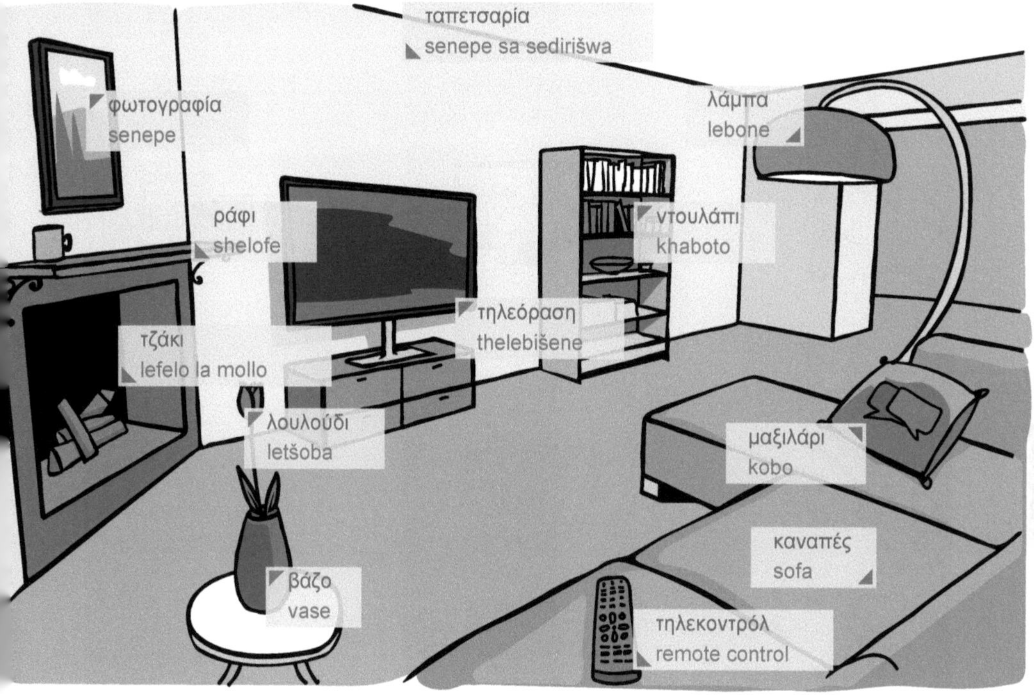

ταπετσαρία
senepe sa sedirišwa
φωτογραφία
senepe
λάμπα
lebone
ράφι
shelofe
ντουλάπι
khaboto
τηλεόραση
thelebišene
τζάκι
lefelo la mollo
λουλούδι
letšoba
μαξιλάρι
kobo
καναπές
sofa
βάζο
vase
τηλεκοντρόλ
remote control

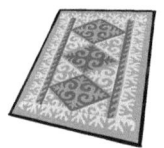

χαλί

khaphete

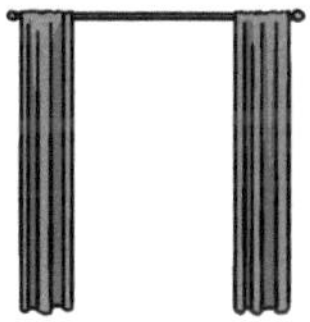

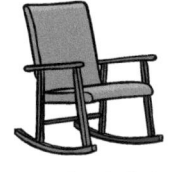

κουρτίνα

garetene

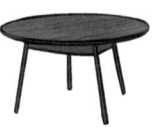

τραπέζι

tafola

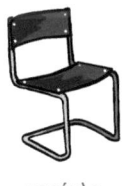

καρέκλα

setulo

κουνιστή πολυθρόνα

rocking chair

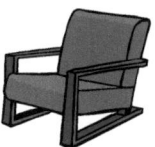

πολυθρόνα

armchair

βιβλίο

buka

κουβέρτα

kobo

διακόσμηση

bokgabišo

καυσόξυλα

dikota tša mollo

ταινία

filimi

στερεοφωνικό σύστημα

sedirišwa sa hi-fi

κλειδί

senotlelo

εφημερίδα

kuranta

πίνακας ζωγραφικής

go penta

αφίσα

phouseta

ραδιόφωνο

radio

σημειωματάριο

pukwana ya go ngwala

ηλεκτρική σκούπα

motšhene wa go hlwekiša

κάκτος

mohlašana wa cactus

κερί

kerese

κουζίνα
boapeelo

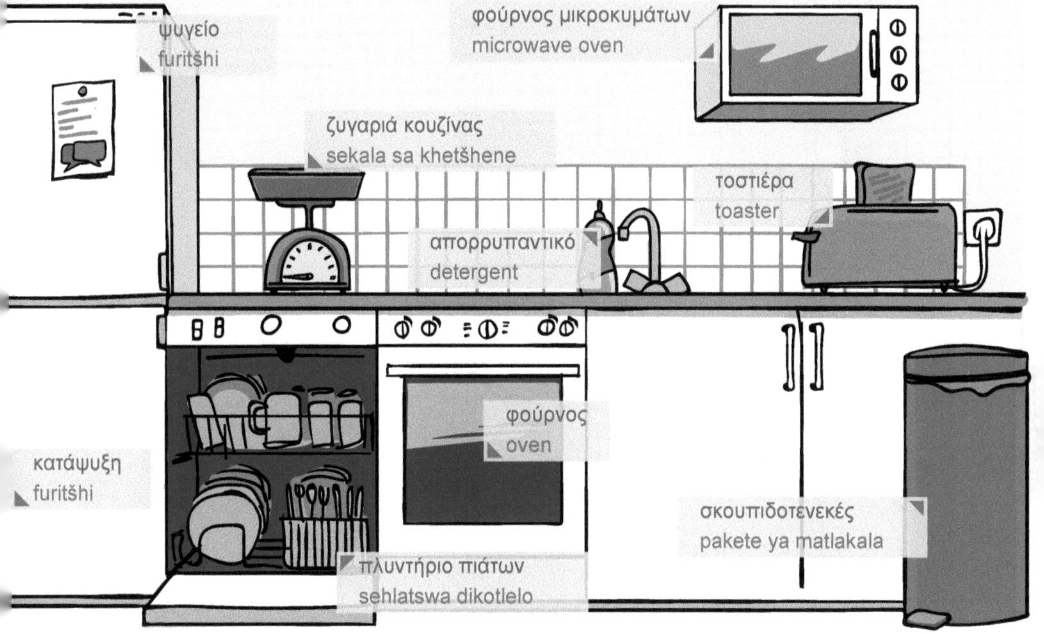
ψυγείο
furitšhi
φούρνος μικροκυμάτων
microwave oven
ζυγαριά κουζίνας
sekala sa khetšhene
τοστιέρα
toaster
απορρυπαντικό
detergent
φούρνος
oven
κατάψυξη
furitšhi
σκουπιδοτενεκές
pakete ya matlakala
πλυντήριο πιάτων
sehlatswa dikotlelo

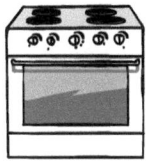

κουζίνα

moapei

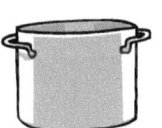

κατσαρόλα

pitša

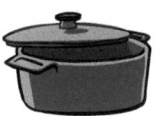

μαντεμένια κατσαρόλα

cast-iron pot

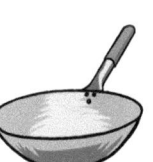

γουόκ/καντάι

wok / kadai

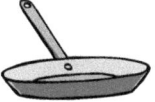

τηγάνι

pane

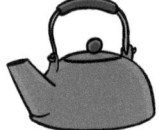

βραστήρας

ketlele

ατμομάγειρας

steamer

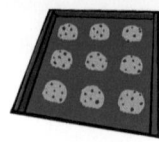

ταψί

therei ya go paka

πιατικά

dikotlelo

κούπα

komiki

μπολ

mogopo

ξυλάκια

diphathana tša go ja

κουτάλα

lelepola la ladle

σπάτουλα

spatula

ανακατεύω

whisk

σουρωτήρι

strainer

σουρωτηράκι

sefo

τρίφτης

kereitara

γουδί

mortar

ψησταριά

barbecue

ανοιχτή φωτιά

thuntšha

σανίδα κοπής

boto ya dijo

πλάστης

rolling pin

ανοιχτήρι φελλών

sebula lepotlelo

κονσέρβα

khene

ανοιχτήρι κονσέρβας

sebula khene

γάντι φούρνου

seswara dipoto

νεροχύτης

sinki

βούρτσα

borashe

σφουγγάρι

sepontše

μπλέντερ

sehlakanyi

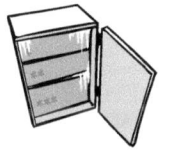

καταψύκτης

freezer

μπιμπερό

lepotlelo la ngwana

βρύση

pompi

μπάνιο

kamora ya go hlapela

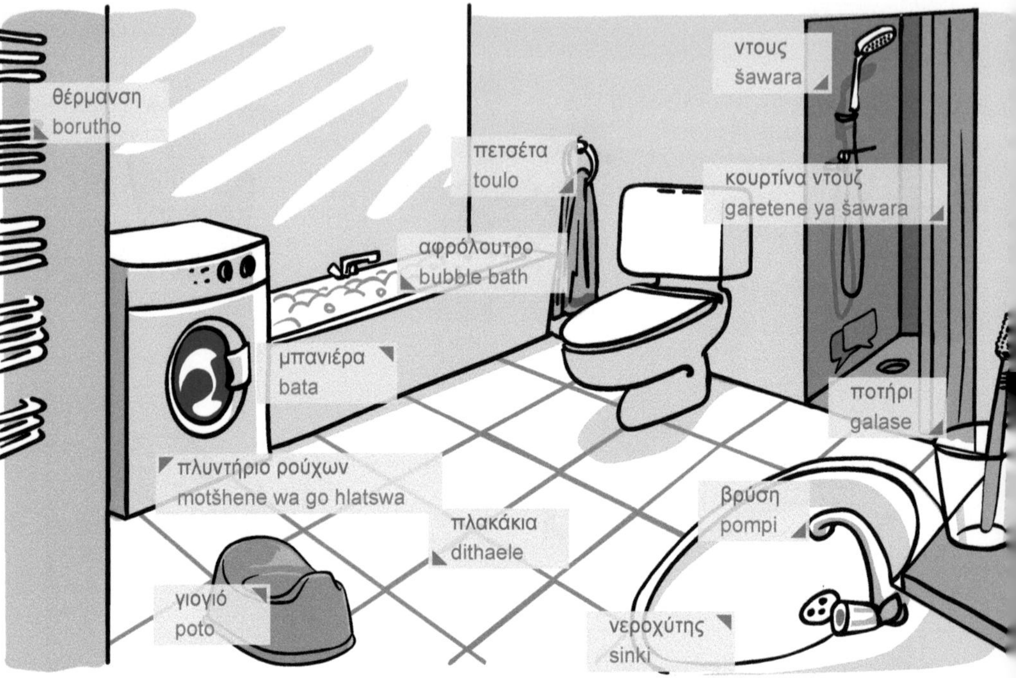

θέρμανση
borutho
πετσέτα
toulo
ντους
šawara
κουρτίνα ντουζ
garetene ya šawara
αφρόλουτρο
bubble bath
μπανιέρα
bata
ποτήρι
galase
πλυντήριο ρούχων
motšhene wa go hlatswa
πλακάκια
dithaele
βρύση
pompi
γιογιό
poto
νεροχύτης
sinki

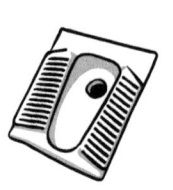

τουαλέτα

ntlwana

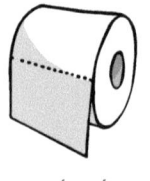

τούρκικη τουαλέτα

ntlwana ya ho tshorama

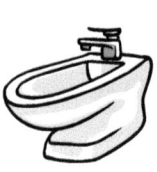

μπιντές

bidet

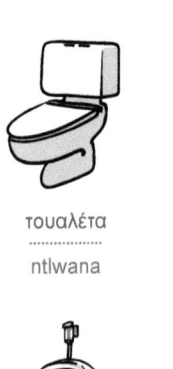

ουρητήριο

moroto

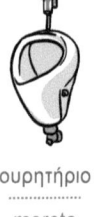

χαρτί υγείας

pampiri ya ntlwana

πιγκάλ

borаše ya ntlwana

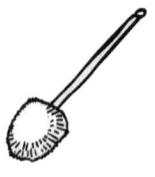

οδοντόβουρτσα

boraše ya ho hlapa meno

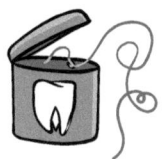

οδοντόκρεμα

sešepi sa meno

οδοντικό νήμα

floss ya meno

πλένω

hlatswa

τηλέφωνο ντους

shawara ya go swarwa ka matsogo

ντουσιέρα

douche

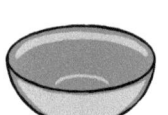

λεκάνη

basin

βούρτσα πλάτης

back brush

σαπούνι

sešepi

αφρόλουτρο

sešepi sa ka šawareng

σαμπουάν

shampoo

φανέλα

folene

σιφόνι

drain

κρέμα

sa go tlola

αποσμητικό

senkgiša bose

μπάνιο - kamora ya go hlapela

καθρέφτης

seipone

καθρέφτης χειρός

sepili se senyenyane

ξυραφάκι

legare

αφρός ξυρίσματος

shaving foam

αφτερσέιβ

aftershave

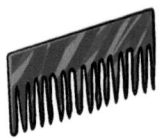

χτένα

kamo

βούρτσα

boraše

σεσουάρ

derayara ya moriri

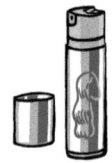

λακ

setlola sa moriri

μακιγιάζ

makeup

κραγιόν

setlola sa molomo

βερνίκι νυχιών

varnish ya manala

βαμβάκι

wulu

ψαλίδι νυχιών

sekero sa dinala

άρωμα

phefumo

μπάνιο - kamora ya go hlapela

νεσεσέρ

pekana ya tša go hlapa

σκαμπό

setulo

ζυγαριά

sekala

μπουρνούζι

toulwana ya go hlapa

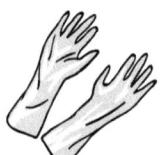

ελαστικά γάντια

ditlelafo tša rabara

ταμπόν

tampon

πετσέτα υγιεινής

toulo ya go phumula
matsogo

χημική τουαλέτα

ntlwana ya dikhemikhale

παιδικό δωμάτιο

phapoši ya bana

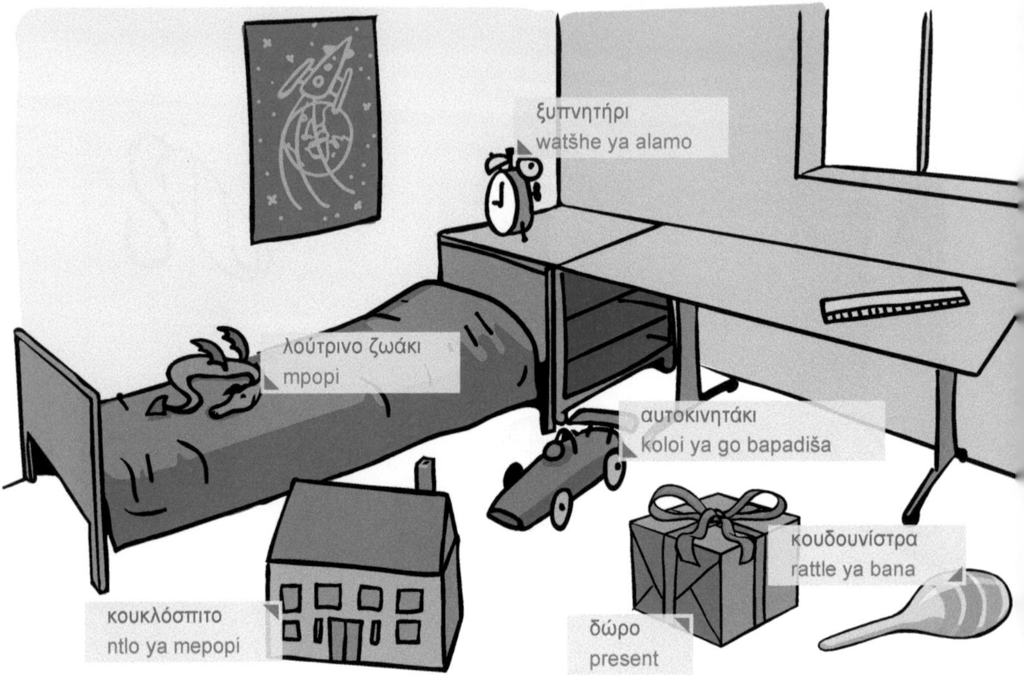
ξυπνητήρι
watšhe ya alamo
λούτρινο ζωάκι
mpopi
αυτοκινητάκι
koloi ya go bapadiša
κουδουνίστρα
rattle ya bana
κουκλόσπιτο
ntlo ya mepopi
δώρο
present

μπαλόνι

baluni

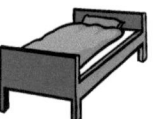

κρεβάτι

mpeto

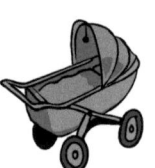

καροτσάκι

phorema

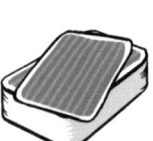

τράπουλα

dikarata

παζλ

papadi ya jigsaw

SUPER
MEGA

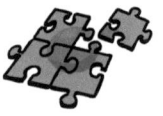

κόμικς

metlae

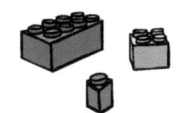

τουβλάκια lego

papadi ya lego bricks

τουβλάκια κατασκευών

papadi ya building blocks

φιγούρα δράσης

action figure

βρεφικό φορμάκι

go gola ga ngwana

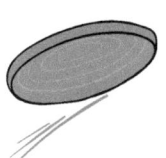

φρίσμπι

papadi ya Frisbee

μόμπιλο

mobile

επιτραπέζιο παιχνίδι

papadi ya boto

ζάρια

letaese

σετ τρενάκι

model train set

πιπίλα

tami

πάρτι

phathi

εικονογραφημένο βιβλίο

puku ya dinepe

μπάλα

kgwele

κούκλα

mpopi

παίζω

bapala

σκάμμα με άμμο

sandpit

κούνια

swing

παιχνίδια

tša go bapadiša

κονσόλα βιντεοπαιχνιδιών

sediriša sa dipapadi tša bidio

τρίκυκλο

paesekele ya bana

αρκουδάκι

teddy bear

ντουλάπα

oteropo

ρούχα
diaparo

κάλτσες

masokisi

καλτσοδέτες

masokisi

καλσόν

pentihouso

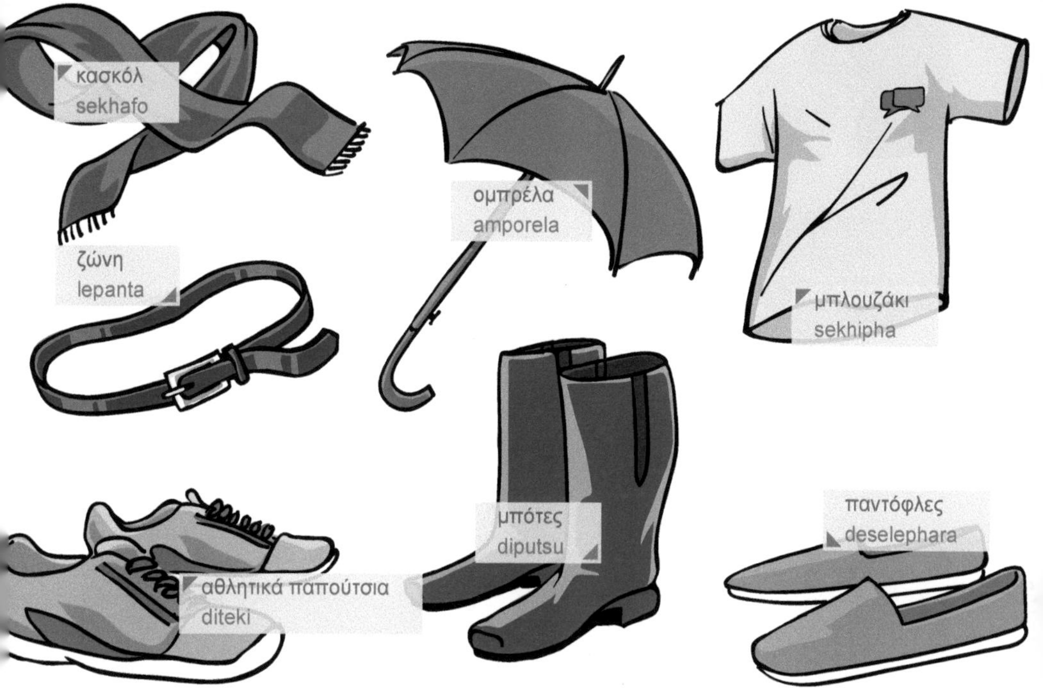

κασκόλ
sekhafo

ζώνη
lepanta

ομπρέλα
amporela

μπλουζάκι
sekhipha

μπότες
diputsu

παντόφλες
deselephara

αθλητικά παπούτσια
diteki

σανδάλια
....
ramphešane

παπούτσια
....
dieta

γαλότσες
....
diputsu tša rabara

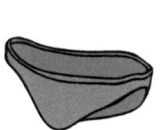

εσώρουχο
....
borokgwana bja ka fase

σουτιέν
....
seaparo sa bra

φανέλα
....
besete

σώμα

mmele

παντελόνι

marokgo

τζιν παντελόνι

pokathe

φούστα

sekhethe

μπλούζα

seaparo sa blouse

πουκάμισο

hempe

πουλόβερ

jase

πουλόβερ

jase

σακάκι

seaparo sa blazer

μπουφάν

baki

παλτό

jase

αδιάβροχο πανωφόρι

jase ya pula

κοστούμι

khosetumo

φόρεμα

roko

νυφικό

lešira

κοστούμι
sutu

νυχτικό
seaparo sa go robala

πιτζάμες
dipejama

σάρι
sari

μαντήλι
sekafo

τουρμπάνι
turban

μπούρκα
seaparo sa burqa

καφτάνι
roko ya kaftan

μουσουλμανικό ένδυμα
abaya

ολόσωμο μαγιό
seaparo sa go rutha

ανδρικό μαγιό
diteranka

σορτς
marukgwana a manyenyane

αθλητική φόρμα
terekesutu

ποδιά
apron

γάντια
ditlelafo

κουμπί

konope

γυαλιά

digalase

βραχιόλι

boreiselete

περιδέραιο

nekeleise

δαχτυλίδι

palamonwana

σκουλαρίκι

lengena

καπέλο

kepisi

κρεμάστρα

hengere ya jase

καπέλο

kefa

γραβάτα

thai

φερμουάρ

zip

κράνος

helmete

τιράντες

braces

μαθητική στολή

diaparo tša sekolo

στολή

unifomo

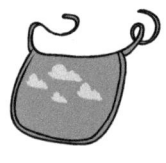

σαλιάρα

seaparo sa bib

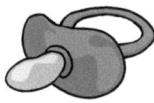

πιπίλα

tami

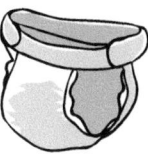

πάνα

mongato

γραφείο
ofisi

σέρβερ
sebara
αρχειοθήκη
lekase la difaele
εκτυπωτής
phrinthara
χαρτί
letlakala
οθόνη
monitharaw
γραφείο
tafola
ποντίκι
mouse
ντοσιέ
foldara
πληκτρολόγιο
keybhoto
ι αχρήστων
ete ya matlakala a ditšhila
καρέκλα
setulo
υπολογιστής
khomphutha

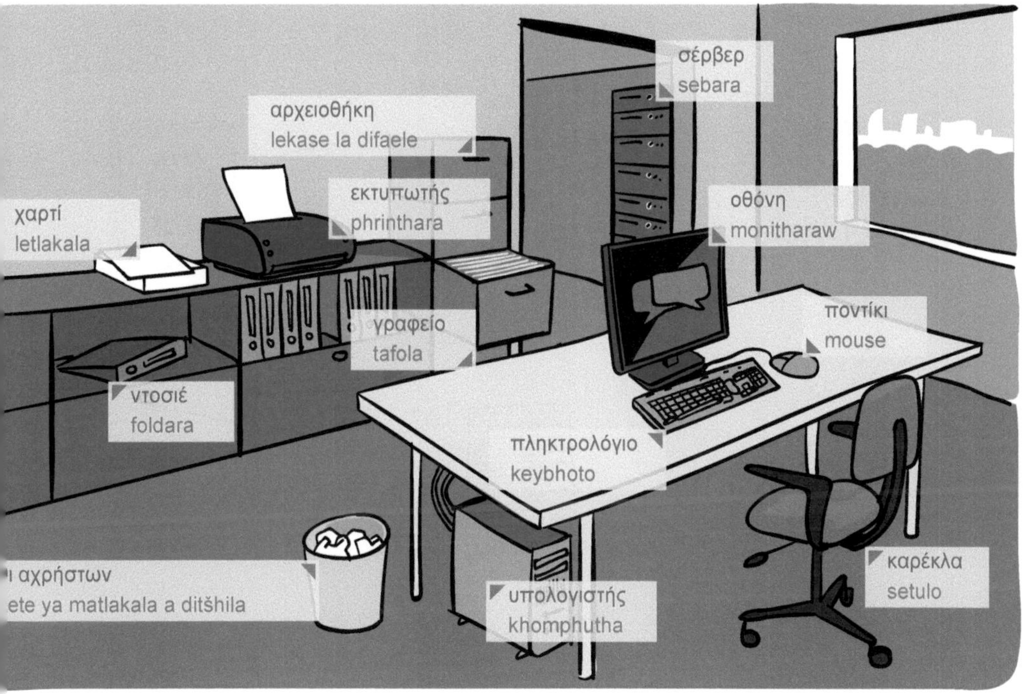

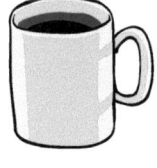

κούπα του καφέ

komiki ya kofi

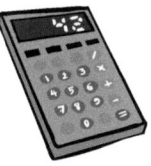

κομπιουτεράκι

khalekhuleitha

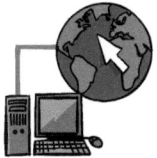

ίντερνετ

inthanete

λάπτοπ

laptop

γράμμα

lengwalo

μήνυμα

molaetša

κινητό

mogalathekeng

δίκτυο

netweke

φωτοτυπικό μηχάνημα

motšhene wa go
photokhopa

λογισμικό

software

τηλέφωνο

mogala

πρίζα

pholaka ya sokete

συσκευή φαξ

motšhine wa go fekesa

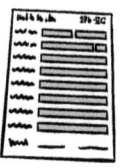

έντυπο

fomo

έγγραφο

dipampiri

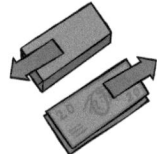

αγοράζω
reka

πληρώνω
lefa

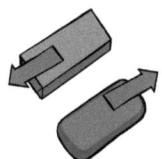

συναλλάσσομαι
rekiša

χρήματα
tšhelete

USD

δολάριο
dollar

EUR

ευρώ
euro

JPY

γιεν
yen

RUB

ρούβλι
rouble

CHF

ελβετικό φράγκο
Swiss franc

CNY

ρενμίνμπι γιουάν
renminbi yuan

INR

ρουπία
rupee

ATM (αυτόματη ταμειακή μηχανή)
lefelo la go ntšha tšhelete

ανταλλακτήρια
συναλλάγματος
lefelo la go fetola tšhelete

χρυσός
gauta

ασήμι
silifera

πετρέλαιο
oil

ενέργεια
matla

τιμή
poraese

συμβόλαιο
konteraka

φόρος
motšhelo

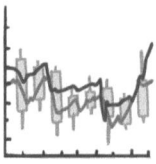

μετοχή
setokho

δουλεύω
mošomo

υπάλληλος
mošomi

εργοδότης
mothwadi

εργοστάσιο
feketori

κατάστημα
lebenkele la dijo

επαγγέλματα
bodulo

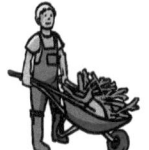

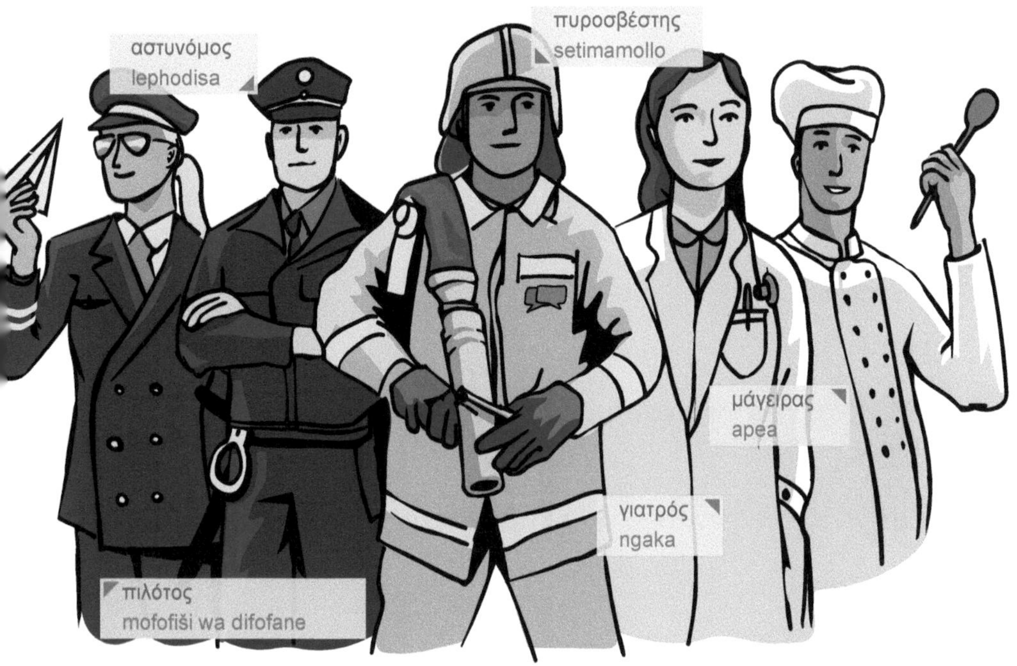

αστυνόμος
lephodisa
πυροσβέστης
setimamollo
μάγειρας
apea
γιατρός
ngaka
πιλότος
mofofiši wa difofane

κηπουρός

nohlokomedi wa dirapana

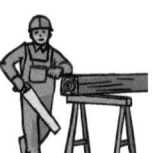

ξυλουργός

mmetli

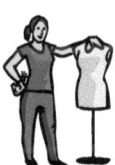

μοδίστρα

moroki

δικαστής

moahlodi

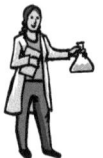

χημικός

khemise

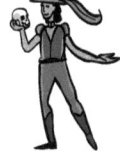

ηθοποιός

mmapadi

οδηγός λεωφορείου

mootledi wa pase

ταξιτζής

mootledi wa thekisi

ψαράς

moswara dihlapi

καθαρίστρια

mosadi wa go hlwekiša

τεχνίτης στεγών

molokiša marulelo

σερβιτόρος

weithara

κυνηγός

motsomi

ζωγράφος

motho wa go penta

αρτοποιός

mopaki

ηλεκτρολόγος

electrician

οικοδόμος

moagi

μηχανολόγος

moenjeneare

κρεοπώλης

selaga

υδραυλικός

polambara

ταχυδρόμος

mosepediši wa poso

στρατιώτης

mohlabani

αρχιτέκτονας

mothadi wa dintlo

ταμίας

morekiši

ανθοπώλης

molemi wa matšoba

κομμωτής

mologi wa moriri

ελεγκτής εισιτηρίων

molaodi

μηχανικός

mekhenikhe

καπετάνιος

mokapotene

οδοντίατρος

ngaka ya meno

επιστήμονας

rathutamahlale

ραβίνος

moruti

ιμάμης

moetapele wa dithapelo

μοναχός

monk

ιερέας

moruti

εργαλεία
didirišwa

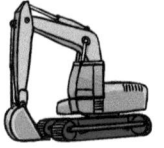

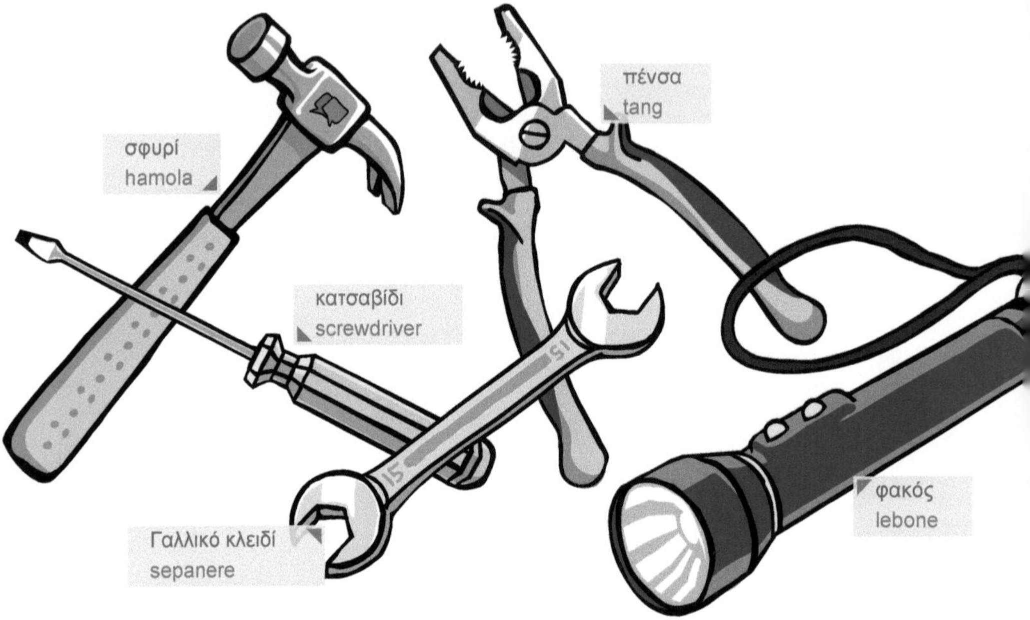
σφυρί
hamola
πένσα
tang
κατσαβίδι
screwdriver
Γαλλικό κλειδί
sepanere
φακός
lebone

εκσκαφέας

seepi

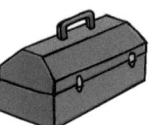

εργαλειοθήκη

lepokisi la dithulusi

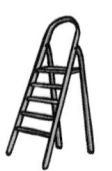

σκάλα

llere

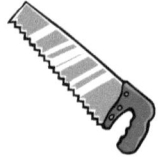

πριόνι

saga

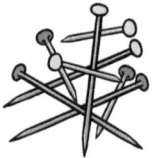

καρφιά

dipikiri

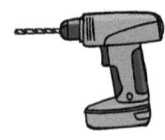

τρυπάνι

sebori

επισκευάζω

lokiša

φτυάρι

garafo

Να πάρει!

ijoo!

φαράσι

seolela matlakala

δοχείο χρωμάτων

pitša ya pente

βίδες

sekurufu

μουσικά όργανα
didirišwa tša mmino

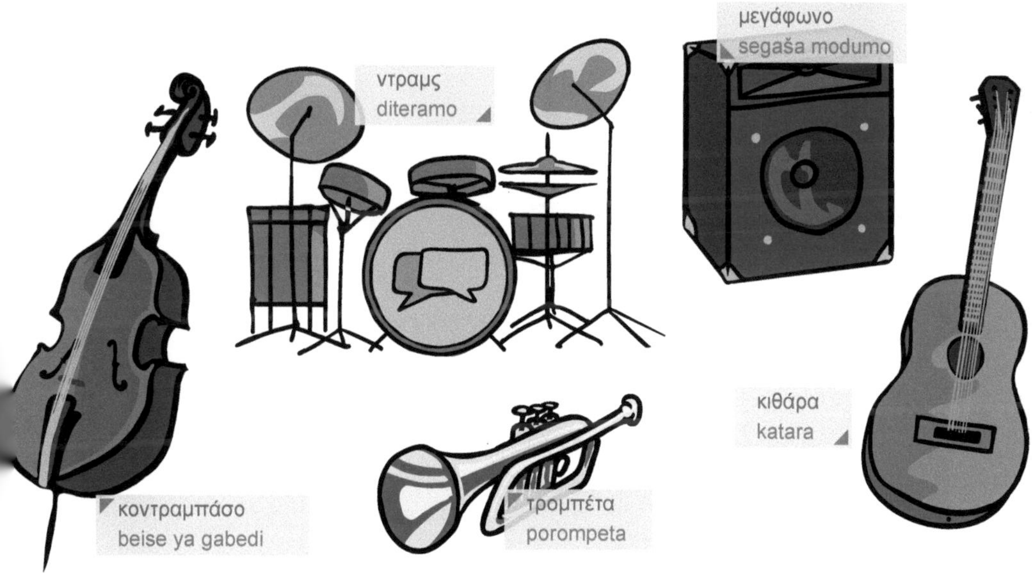

ντραμς
diteramo

μεγάφωνο
segaša modumo

κιθάρα
katara

κοντραμπάσο
beise ya gabedi

τρομπέτα
porompeta

πιάνο

piano

βιολί

violin

μπάσο

beise

τύμπανα

timpani

τύμπανο

diteramo

πλήκτρα

keybhoto

σαξόφωνο

saxophone

φλάουτο

phala

μικρόφωνο

mmaekrofouno

ζωολογικός κήπος

zuu

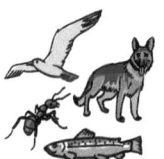

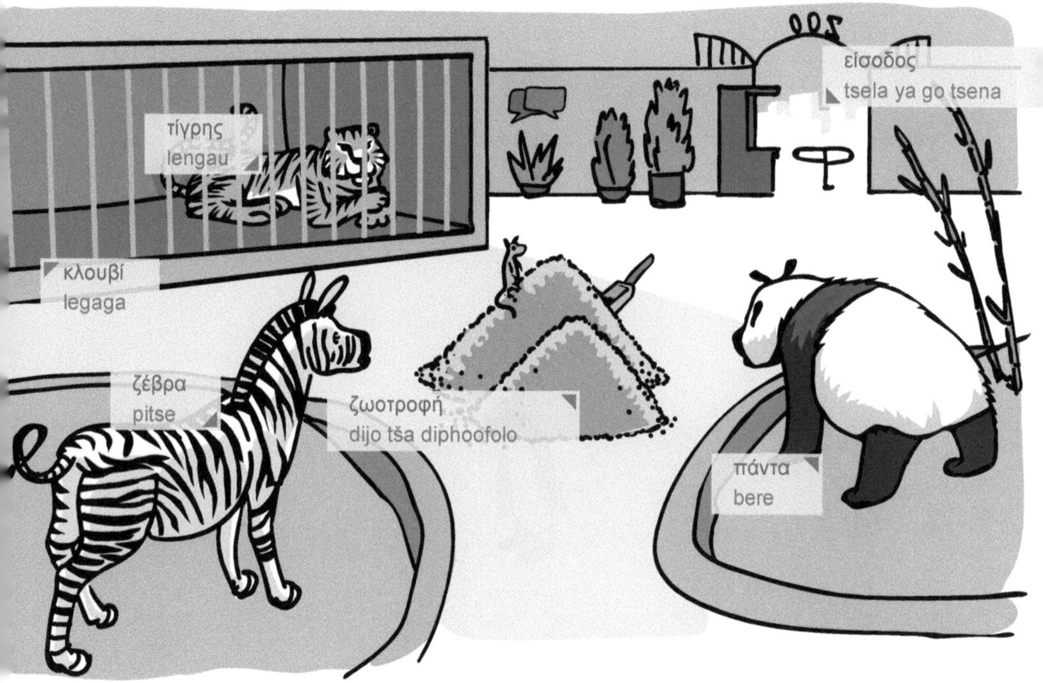

zoo
είσοδος
tsela ya go tsena
τίγρης
lengau
κλουβί
legaga
ζέβρα
pitse
ζωοτροφή
dijo tša diphoofolo
πάντα
bere

ζώα

diphoofolo

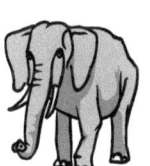

ελέφαντας

tlou

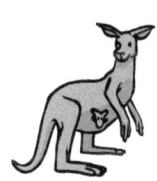

καγκουρό

kangaroo

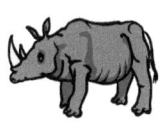

ρινόκερος

tšhukudu

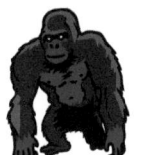

γορίλας

gorilla

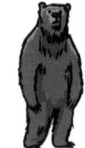

αρκούδα

bere

καμήλα

kamela

στρουθοκάμηλος

mpše

λιοντάρι

tau

πίθηκος

tšhwene

φλαμίνγκο

nonyana ya flamingo

παπαγάλος

nonyana ya parrot

πολική αρκούδα

bere ya polar

πιγκουίνος

penguin

καρχαρίας

shark

παγώνι

phikoko

φίδι

noga

κροκόδειλος

kwena

φύλακας ζωολογικού κήπου

mohlokomedi wa di zoo

φώκια

sili

τζάγκουαρ

jaquar

πόνυ

pokolo

λεοπάρδαλη

lepogo

ιπποπόταμος

hippo

καμηλοπάρδαλη

thutlwa

αετός

lenong

αγριογούρουνο

kolobe ya naga

ψάρι

hlaphi

χελώνα

khudu

θαλάσσιος ίππος

walrus

αλεπού

phiri

γαζέλα

phuthi

ζωολογικός κήπος - zuu

Αμερικάνικο ποδόσφαιρο
kgwele ya Amerika

ποδηλασία
go reila paesekela

αντισφαίριση
thenese

μπάσκετ
basketball

κολύμβηση
go rutha

πυγχαμία
ntwa ya matswele

χόκεϋ επί πάγου
hockey ya lehlweng

ποδόσφαιρο
kgwele ya maoto

μπάντμιντον
badminton

στίβος
bakitimi

χάντμπολ
polo ya matsogo

σκι
skiing

πόλο
polo

γελάω
sega

πηδάω
taboga

αγκαλιάζω
gokara

περπατάω
sepela

τραγουδάω
opela

ονειρεύομαι
lora

προσεύχομαι
rapela

φιλάω
atla

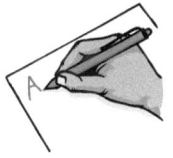

γράφω
ngwala

σχεδιάζω
thala

δείχνω
bontšha

πιέζω
kgorometša

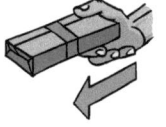

δίνω
efa

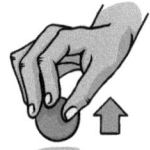

παίρνω
tšea

έχω

e ba le

κάνω

dira

είμαι

eba

στέκομαι

ema

τρέχω

kitima

τραβάω

goga

ρίχνω

lahlela

πέφτω

e wa

ξαπλώνω

maaka

περιμένω

emanyana

κουβαλώ

rwala

κάθομαι

dula

φοράω

go apara

κοιμάμαι

robala

ξυπνάω

tsoga

κοιτάω

lebelela

κλαίω

lla

χαϊδεύω

seterouko

χτενίζω

kamo

μιλάω

bolela

καταλαβαίνω

kwešiša

ρωτάω

botšiša

ακούω

theetša

πίνω

e nwa

τρώω

eja

συγυρίζω

hlwekiša

αγαπάω

lerato

μαγειρεύω

apea

οδηγώ

otlela

πετάω

fofa

κάνω ιστιοπλοΐα

sesa

υπολογίζω

khalekhuleitha

διαβάζω

bala

μαθαίνω

ithute

δουλεύω

mošomo

παντρεύομαι

nyala

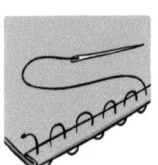

ράβω

roka

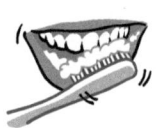

βουρτσίζω τα δόντια

hlapa meno

σκοτώνω

bolaya

καπνίζω

kgoga

στέλνω

romela

γιαγιά
makgolo

παππούς
rakgolo

πατέρας
tate

μητέρα
mma

μωρό
ngwana

κόρη
morwedi

γιος
morwa

καλεσμένος

moeng

θεία

rakgadi

θείος

malome

αδελφός

abuti

αδελφή

sesi

σώμα

mmele

μέτωπο
phatla
μάτι
leihlo
ώμος
magetla
δάχτυλο
monwana
πρόσωπο
sefahlego
πιγούνι
seledu
χέρι
seatla
πόδι
leoto
στήθος
letswele
βραχίονας
letsogo

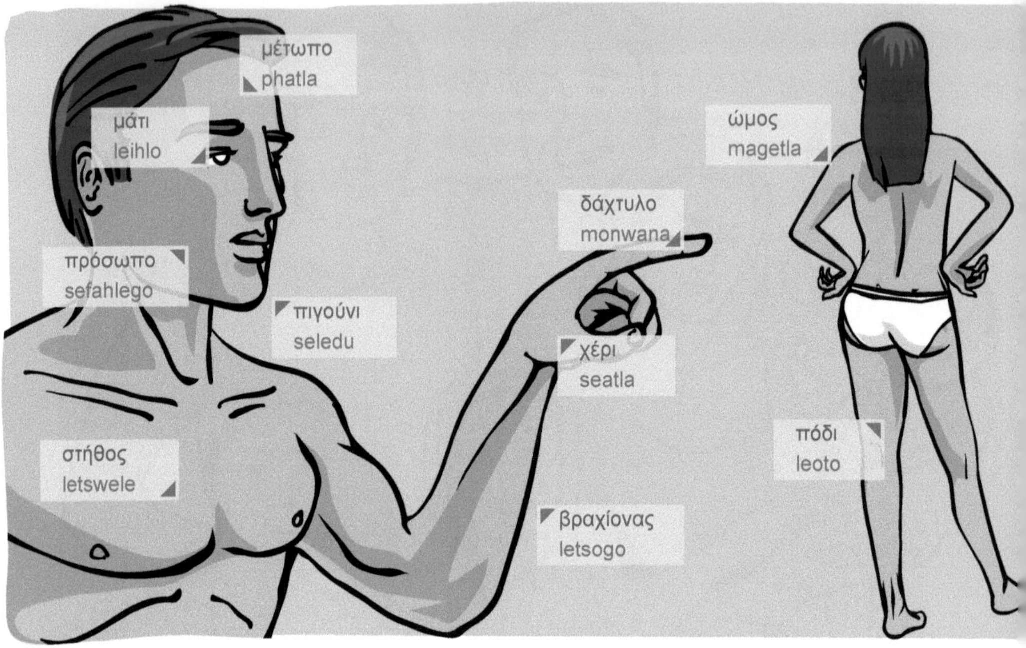

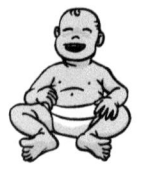

μωρό

ngwana

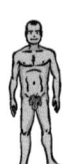

άνδρας

monna

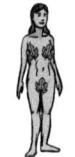

γυναίκα

mosadi

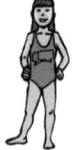

κορίτσι

kgarebe

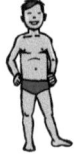

αγόρι

mošemane

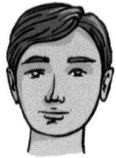

κεφάλι

hlogo

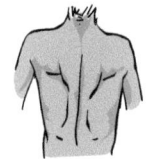

πλάτη

morago

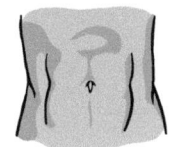

κοιλιά

mokhaba

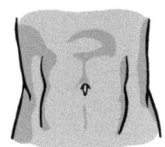

αφαλός

mokhubu

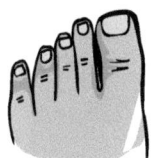

δάχτυλο ποδιού

monwana

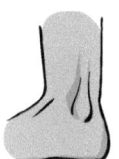

φτέρνα

tlhako

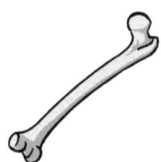

κόκκαλο

lerapo

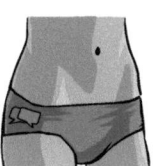

γοφός

matheka

γόνατο

leoto

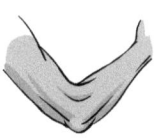

αγκώνας

khuru

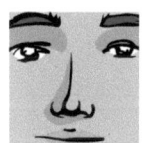

μύτη

nko

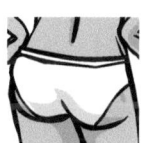

γλουτός

tlase

δέρμα

letlalo

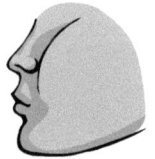

μάγουλο

lerama

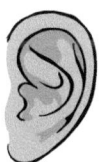

αυτί

tsebe

χείλος

molomo

σώμα - mmele

στόμα

molomo

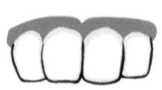

δόντι

leino

γλώσσα

Leleme

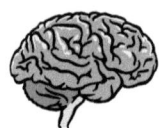

εγκέφαλος

bjoko

καρδιά

pelo

μυς

segoba

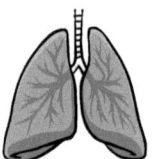

πνεύμονας

maswafo

συκώτι

sebete

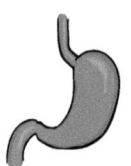

στομάχι

mala

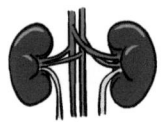

νεφρά

diphsio

σεξουαλική επαφή

thobalano

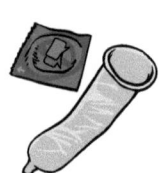

προφυλακτικό

condom

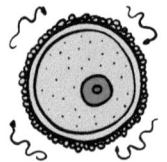

ωάριο

Ovum

σπέρμα

matshedi

εγκυμοσύνη

go ima

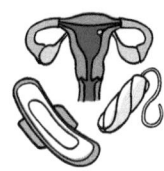

περίοδος

go bona kgwedi

γυναικείος κόλπος

setho sa bosadi

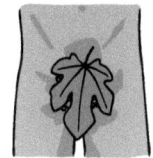

πέος

setho sa bonna

φρύδι

dintši

μαλλιά

moriri

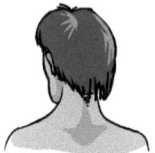

λαιμός

molala

νοσοκομείο
sepetlele

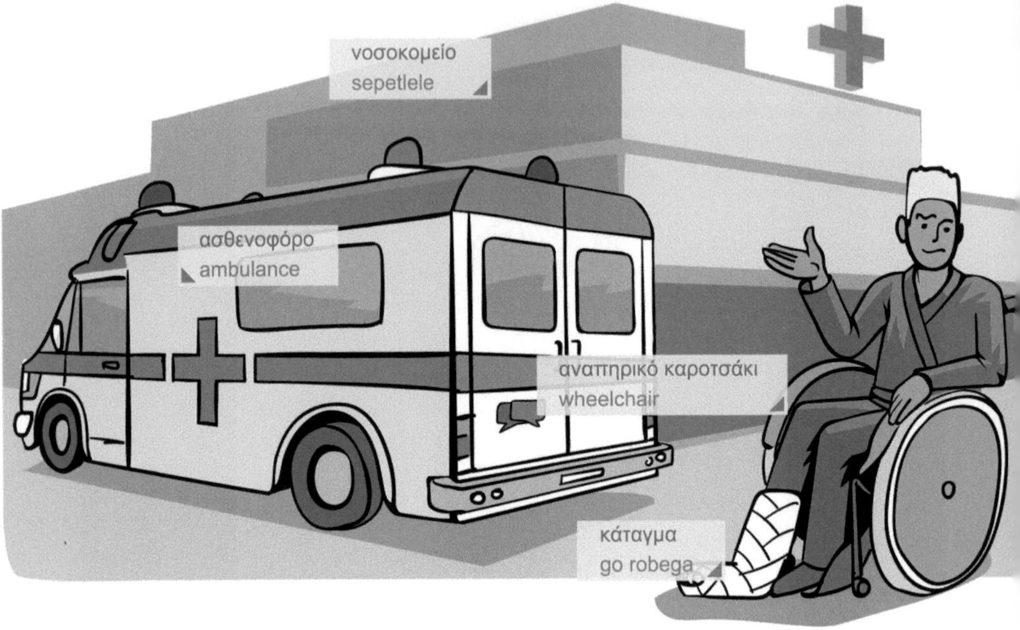

νοσοκομείο
sepetlele
ασθενοφόρο
ambulance
αναπηρικό καροτσάκι
wheelchair
κάταγμα
go robega

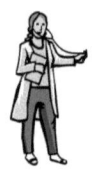

γιατρός

ngaka

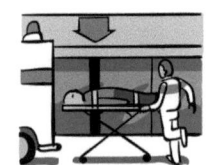

μονάδα εντατικής θεραπείας

phapoši ya tša tšhoganetšo

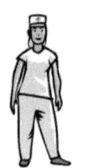

νοσοκόμα

mooki

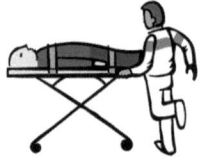

έκτακτη ανάγκη

tšhoganetšo

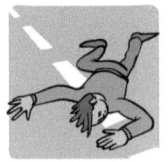

λιπόθυμος

go idibala

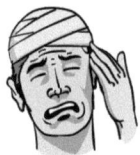

πόνος

bohloko

τραύμα

go gobala

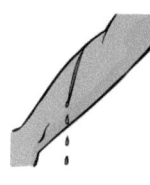

αιμορραγία

go tšwa madi

έμφραγμα

bolwetši bja pelo

εγκεφαλικό

setorouko

αλλεργία

ge mmele o ganana le dijo

βήχας

go gohlola

πυρετός

go gohlola

γρίπη

sehuba

διάρροια

letšhollo

πονοκέφαλος

go opa ke hlogo

καρκίνος

kankere

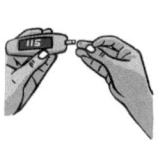

διαβήτης

swikiri

χειρουργός

mmui

νυστέρι

thipa ya scalpel

εγχείρηση

go bulwa

αξονική τομογραφία

CT

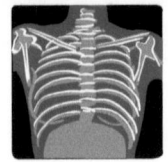

ακτινογραφία

x-ray

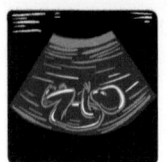

υπέρηχος

ultrasound

μάσκα

sethiba sefahlego

ασθένεια

bolwetši

αίθουσα αναμονής

phapoši ya go leta

πατερίτσα

lehlotlo

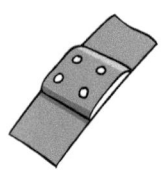

χάνσαπλαστ

sedirišwa sa plaster

επίδεσμος

lešela la ntho

ένεση

nalete

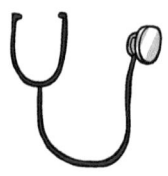

στηθοσκόπιο

sthehosekoupo

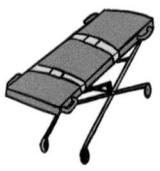

φορείο

seteretšhara

θερμόμετρο

themoketha ya kgathelelo

γέννηση

go belebga

υπέρβαρο

mmele o mogolo

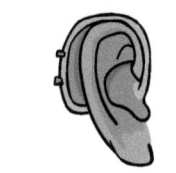

ακουστικό βαρηκοΐας

sethuša ditsebe

αντισηπτικό

disinfectant

λοίμωξη

twatši

ιός

baerase

HIV/AIDS

HIV / AIDS

φάρμακο

dihlare

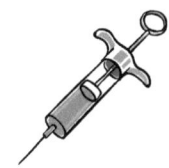

εμβολιασμός

tlhabelo ya go thibela
malwetši

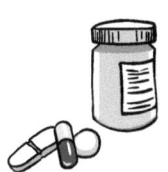

δισκία

dipilisi

χάπι

pilisi

κλήση έκτακτης ανάγκης

mogala wa tšhoganetšo

πιεσόμετρο αίματος

sehlahlobi sa pelo

άρρωστος / υγιής

go babja / phetše gabotse

Βοήθεια!

Thušo!

συναγερμός

alamo

βιαιοπραγία

go tšhošetšwa

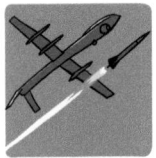

επίθεση

tlhaselo

κίνδυνος

kotsi

έξοδος κινδύνου

go tšwa ka tšhoganetšo

Φωτιά!

Mollo!

πυροσβεστήρας

setimamollo

ατύχημα

kotsi

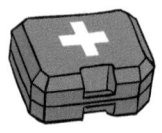

κουτί πρώτων βοηθειών

first-aid kit

SOS

SOS

αστυνομία

maphodisa

Ευρώπη

Yuropa

Βόρεια Αμερική

Amerika Bodikela

Νότια Αμερική

Amerika Borwa

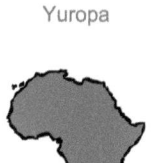

Αφρική

Afrika

Ασία

Asia

Αυστραλία

Australia

Ατλαντικός Ωκεανός

Atlantic

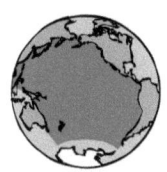

Ειρηνικός Ωκεανός

Pacific

Ινδικός Ωκεανός

Lewatle la India

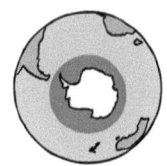

Ανταρκτικός Ωκεανός

Lewatle la Antarctic

Αρκτικός Ωκεανός

Lewatle la Arctic

Βόρειος Πόλος

North Pole

Νότιος Πόλος

South Pole

Ανταρκτική

Antarctica

Γη

Lefase

γη

naga

θάλασσα

noka

νησί

island

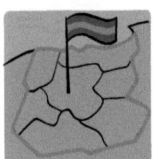

έθνος

naga

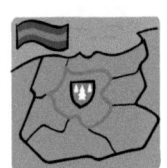

πολιτεία

state

καντράν ρολογιού

sešupanako sa dinomoro

ωροδείκτης

diiri tša sešupanako

λεπτοδείκτης

metsotso ya sešupanako

δείκτης δευτερολέπτων

metsotswana ya sešupanako

Τι ώρα είναι;

Ke nako mang?

ημέρα

letšatši

χρόνος

nako

τώρα

gona bjale

ψηφιακό ρολόι

sešupanako sa dinomoro

λεπτό

metsotso

ώρα

iri

εβδομάδα

beke

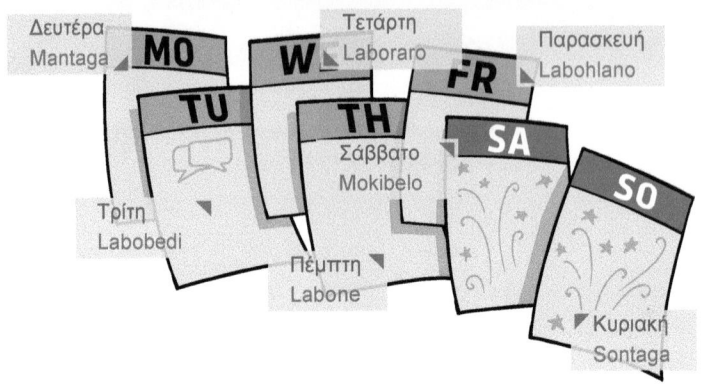

Δευτέρα Mantaga — MO
Τρίτη Labobedi — TU
Τετάρτη Laboraro — W
Πέμπτη Labone — TH
Σάββατο Mokibelo — SA
Παρασκευή Labohlano — FR
Κυριακή Sontaga — SO

χθες
maobane

σήμερα
lehono

αύριο
ka moswana

πρωί
mesong

μεσημέρι
Thapama

βράδυ
mantšiboa

MO	TU	WE	TH	FR	SA	SU
1	2	3	4	5	6	7
8	9	10	11	12	13	14
15	16	17	18	19	20	21
22	23	24	25	26	27	28
29	30	31	1	2	3	4

εργάσιμες ημέρες
matšatši a kgwebo

MO	TU	WE	TH	FR	SA	SU
1	2	3	4	5	6	7
8	9	10	11	12	13	14
15	16	17	18	19	20	21
22	23	24	25	26	27	28
29	30	31	1	2	3	4

Σαββατοκύριακο
mafelobeke

βροχή
pula

ουράνιο τόξο
molalatladi

άνεμος
phefo

χιόνι
lehlwa

άνοιξη
seruthwane

καλοκαίρι
selemo

φθινόπωρο
lehlabula

χειμώνας
marega

4.APRIL	11°	☀
5.APRIL	4°	☁
6.APRIL	13°	⛆
7.APRIL	8°	❄
8.APRIL	10°	☀

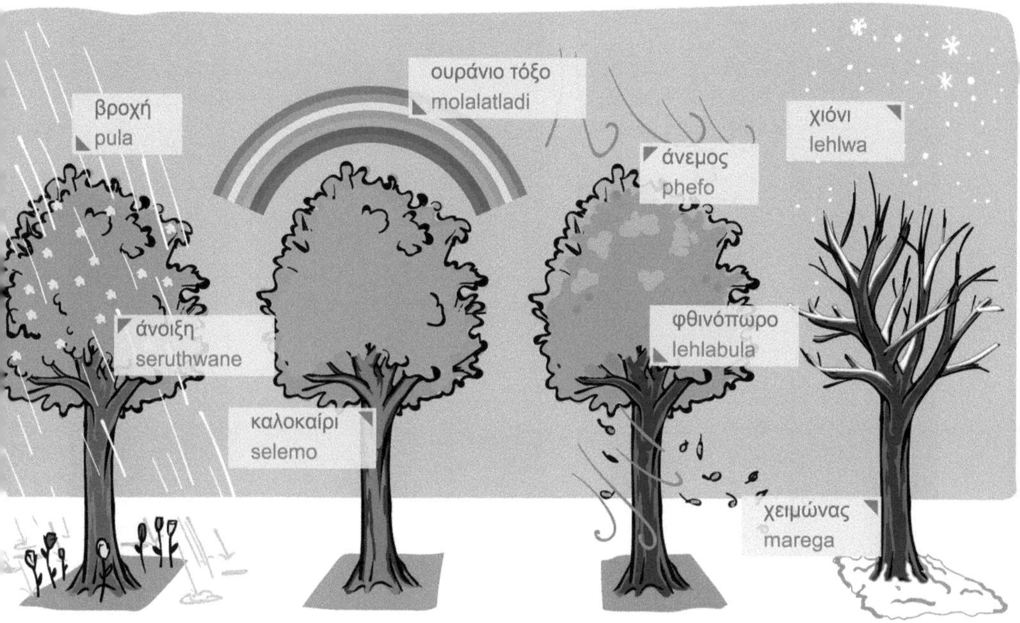

πρόγνωση καιρού

tsebišo ya leratadima

θερμόμετρο

thermometer

λιακάδα

mahlasedi a letšatši

σύννεφο

maru

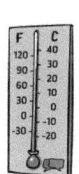

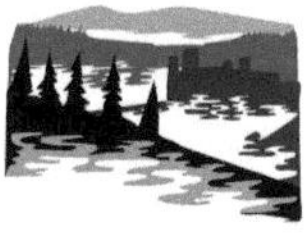

ομίχλη

kgudi

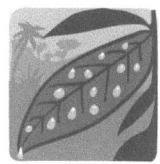

υγρασία

go koloba

αστραπή

legadima

κεραυνός

legadima

καταιγίδα

ledimo

χαλάζι

sefako

μουσώνας

ledimo

πλημμύρα

lefula

πάγος

lehlwa

Ιανουάριος

January

Φεβρουάριος

February

Μάρτιος

March

Απρίλιος

April

Μάιος

May

Ιούνιος

June

Ιούλιος

July

Αύγουστος

August

έτος - ngwaga

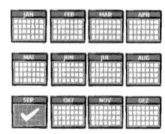

Σεπτέμβριος
....
September

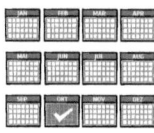

Οκτώβριος
....
October

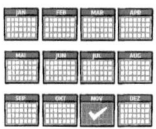

Νοέμβριος
....
November

Δεκέμβριος
....
December

σχήματα
dibopego

κύκλος
....
nthokolo

τετράγωνο
....
sekwere

ορθογώνιο
παραλληλόγραμμο
rectangle

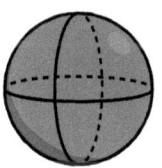

τρίγωνο
....
theraekele

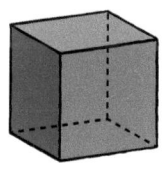

σφαίρα
....
nthokolo

κύβος
....
cube

άσπρο
....
tshweu

κίτρινο
....
kheri

πορτοκαλί
....
namone

ροζ
....
pinki

κόκκινο
....
khubedu

μωβ
....
phepholo

μπλε
....
pududu

πράσινο
....
tala

καφέ
....
tshehla

γκρι
....
kerei

μαύρο
....
bontsho

πολύ / λίγο

tše dintši / tše dinyenyane

θυμωμένος / ήρεμος

befetšwe / theotše maswafo

όμορφος / άσχημος

botse / befile

αρχή / τέλος

mathomo / mafelelo

μεγάλος / μικρός

kgolo / nyenyane

φωτεινός / σκοτεινός

seetša / leswiswi

αδελφός / αδελφή

abuti / sesi

καθαρός / λερωμένος

hlwekile / ditšhila

πλήρης / ατελής

feletše / ga se e felele

ημέρα / νύχτα

mosegare / bošego

νεκρός / ζωντανός

hwile / o sa phela

φαρδύς / στενός

go bulega / go tswalelega

βρώσιμος / μη βρώσιμος

e a jega / ga e jege

κακός / ευγενικός

bobe / go loka

ενθουσιασμένος / βαριεστημένος

mahlahlo / go tšwafa

παχύς / λεπτός

bokoto / bosese

πρώτος / τελευταίος

mathomo / mafelelo

φίλος / εχθρός

mogwera / lenaba

γεμάτος / άδειος

e tletše / ga e na selo

σκληρός / μαλακός

tiile / e bonolo

βαρύς / ελαφρύς

ya roba / e bobebo

πείνα / δίψα

tlala / mokhoro

άρρωστος / υγιής

go babja / phetše gabotse

παράνομος / νόμιμος

ga e molaong / e molaong

έξυπνος / χαζός

bohlale / lešilo

αριστερός / δεξιός

le letshadi / le letona

κοντινός / μακρινός

kgaufsi / kgole

καινούριος /
μεταχειρισμένος

mapsha / e dirišitšwe

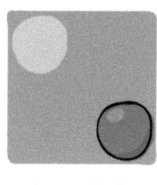

τίποτα / κάτι

selo / se sengwe

γέρος | νέος

motšofadi / mofsa

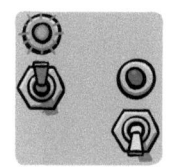

αναμμένος / σβηστός

laeta / tima

ανοιχτός / κλειστός

bula / tswalela

χαμηλόφωνος /
μεγαλόφωνος
homola / rasa

πλούσιος / φτωχός

go huma / go diila

σωστός / λανθασμένος

e lokilego / e sa lokago

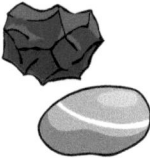

τραχύς / λείος

makgwakgwa / go thelela

λυπημένος / χαρούμενος

go nyama / go thaba

κοντός / μακρύς

mokopana / motelele

αργός / γρήγορος

go nanya / go kitima

υγρός / στεγνός

go koloba / go oma

ζεστός / δροσερός

borutho / go tonya

πόλεμος / ειρήνη

ntwa / khutšo

αντίθετα - tša go fapana

0

μηδέν

nnoto

1

ένα

tee

2

δύο

pedi

3

τρία

tharo

4

τέσσερα

nne

5

πέντε

tlhano

6

έξι

tshela

7

εφτά

šupa

8

οκτώ

seswai

9

εννιά

senyane

10

δέκα

lesome

11

έντεκα

lesome tee

12

δώδεκα

lesome pedi

13

δεκατρία

lesome tharo

14

δεκατέσσερα

lesome nne

15

δεκαπέντε

lesome tlhano

16

δεκαέξι

lesome tshela

17

δεκαεφτά

lesome šupa

18

δεκαοκτώ

lesome seswai

19

δεκαεννέα

lesome senyane

20

είκοσι

masomepedi

100

εκατό

lekgolo

1.000

χίλια

sekete

1.000.000

εκατομμύριο

milione

Αγγλικά

Seisemane

Αμερικάνικα Αγγλικά

Seisemane sa Amerika

Μανδαρίνικα Κινέζικα

Sechina sa Mandarin

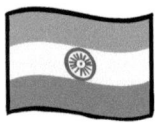

Χίντι

Sehindi

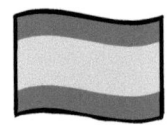

Ισπανικά

Spanish

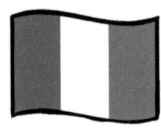

Γαλλικά

Sefora

Αραβικά

Searabic

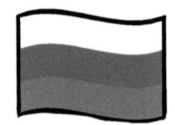

Ρώσικα

Serašia

Πορτογαλικά

Sepotokisi

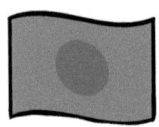

Μπενγκάλι

Sebengali

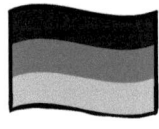

Γερμανικά

Sejeremane

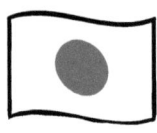

Ιαπωνικά

Sefapane

εγώ

Nna

εσύ

wena

αυτός / αυτή / αυτό

yena / yona

εμείς

rena

εσείς

wena

αυτοί / αυτές / αυτά

bona

ποιος / ποια / ποιο;

bomang?

τι;

eng?

πώς;

bjang?

πού;

mo kae?

πότε;

neng?

όνομα

leina

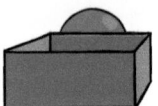

πίσω

ka morago

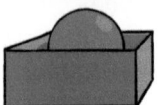

μέσα

go

μπροστά

kgaufsi le

πάνω από

godimo ga

πάνω

go

κάτω

ka tlase ga

δίπλα

ka lehlakoreng la

ανάμεσα

magareng ga

μέρος

lefelo